한국과 일본

상호인식의 역사와 미래

차례

Contents

머리말

2005년은 을사조약이 체결된 지 100주년, 해방 60주년이자 한일수교 40주년으로 한국과 일본 양국 모두에 중요한 역사적 의미가 있는 해이다. 그러한 취지에서 양국정부는 2005년을 '한일우정의 해'로 정하고, "나가자 미래로, 함께 세계로"라는 구호를 제시하면서, 미래지향적 한일관계 구축을 위해 340여 건의 교류행사를 준비하였다.

2005년 초 한국의 공중파 TV방송에서 일본에서의 한류 붐을 특집으로 방영하면서 일본인의 한국에 대한 인식이 우호적으로 변했다는 사실이 알려졌다. 이에 따라 한국인의 일본인 및 일본문화에 대한 인식도 호전될 것으로 기대되었다. 그러나 2월 주한일본대사의 '독도 망언', 3월 시마네현의 '다케시

마의 날 조례' 선언으로부터 시작되어, 4월 역사교과서의 '개악' 등이 이러한 장밋빛 전망에 찬물을 끼얹었다. "한류(韓流)도 독도를 거치면 한류(寒流)가 된다"는 말이 한동안 회자되기도 하였듯이, 영토와 과거사 문제를 포함한 한일간 '역사'의 위력과 '망언(妄言)'의 광풍(狂風)을 재삼 확인해 준 작금의 현실이다. 그래서 2005년 5월 현재 양국관계는 독도와 교과서문제라는 역풍을 맞아 '우정의 해'가 아니라 '파경의 해'가 되지 않을까 우려될 정도의 위기를 맞이하고 있다.

그러나 최근 제기되고 있는 반일감정은 처음 있는 일이 아니며, 단기간에 해결될 수 있는 문제도 아니다. 한국과 일본은 숙명적 이웃으로서 수천 년간 교류하면서 역사를 만들어 왔다. 격한 상황일수록 한걸음 물러서서 냉정하게 생각하고 미래를 위한 가능성을 타진해 보는 것이야말로 현 단계에서 양 국민에게 필요한 자세라고 할 수 있다.

현재 국제사회의 현안으로 떠오른 북핵문제의 해결과 한민족의 숙원인 통일을 위해서도 일본과의 협력은 필요하다. 일본은 이미 한반도 정세에 주요변수로서 작용하고 있다. 러시아의 쇠퇴와 함께 중국의 강력한 부상은 크게는 세계질서의 구도변화를 초래하고, 작게는 동북아국제질서의 재편을 요구하고 있다. 이런 상황 속에서 그동안 한일관계를 규정해온 과거사 문제에 관해 미래지향적이고 진취적인 해결책이 제시되어야 한다.

요컨대 한국과 일본은 21세기 아시아와 태평양의 중심국가로서 새로운 관계 구축을 위한 전망을 가져야 하는 상황에 있다. 침략과 저항, 갈등과 대립을 거듭하였던 '비정상'의 20세기를 청산하고 선린관계(善隣關係)의 회복은 가능한가? 현시점은 실로 21세기 양국관계의 틀을 마련하는 또 한번의 모색기이자 전환기인 셈이다.

1998년 한국의 김대중 대통령과 일본의 오부치[小淵惠三] 수상은 '한일파트너십 공동선언'을 채택하면서 21세기를 위한 새로운 출발을 선언하였지만 오늘날까지도 양국은 20세기에 청산하고 극복했어야 할 과거문제를 짊어지고 있는 양상이다. 한국과 일본의 양국민간에는 여전히 현격한 역사의식의 차이가 있으며, 그것은 가연성과 폭발성을 지닌 휴화산(休火山)과 같다. 그 점은 2001년과 2005년에 벌어진 일본의 역사교과서 왜곡파동에서도 여실히 증명되었다. 역사인식을 포함한 양국민간의 상호인식을 규명하는 것은 매우 중요하며 현재적인 문제이기도 하다.

한국과 일본은 흔히 '일의대수(一衣帶水)'로 표현되듯이 가까운 이웃 나라로서 유사 이래 유구한 관계를 맺어왔으며, 양국은 서로의 역사전개에 큰 영향을 미쳤다. 근대 이전까지는 한국이 중화문명의 매개자로서 문명화의 역할을 하였고, 근대 이후로는 일본이 서구문명의 중개자로서 역할을 교대하였다. 그런데도 일본은 '가깝고도 먼 나라'라고 일컬어진다. 지리적·문화적 근접성에 비해 심리적인 거리는 멀다는 의미이다. 1965년 국교정상화 이후 경제교류가 진전되고 정부차원에서는 선린우호(善隣友好)가 제창되고 있지만 양국민의 정서적 괴리감은 여전히 남아 있다. 상호인식상의 갈등은 인접국가 간에 있을 수 있는 보편적 현상이지만 한일간에는 그 정도가 심하다.

인식이란 감성적인 이미지를 넘어 이성적인 판단에 바탕을 둔 것으로 보다 복합적이다. 한 민족에 대한 이미지 형성에 있어서 가장 중요한 것은 공통으로 체험한 사건들에 대한 기억일 것이다. 역사적인 집단체험의 이미지가 누적되면 하나의 정형화된 관념으로 정착된다. 이러한 관념 내지 신념체계를 본서에서는 '인식(認識)'으로 이해하고자 한다. 이것은 역사적으로 오랜 기간 형성되어 온 것이며 교육에 의해 전승된다. 또한 장래 가변적이기는 하지만 쉽게 바뀌지 않으며, 자기실현성이 있다. 민족간의 상호인식이라고 하면 교류와 외교관계등을 통해 형성되며 장래의 태도와 정책을 결정하는 데 중요한 요소가 된다. 특히 한일간의 외교관계에 있어서 상호인식은 실질적인 영향력을 지니고 있다.

이런 점에서 한일간의 상호인식을 살펴보는 것은 현재의 양국관계뿐 아니라 미래에 대한 전망도 얻을 수 있는 유력한 방법 중의 하나이고, 상호인식의 개선이야말로 한일관계의 관건이라 할 수 있다.

한국과 일본의 상호인식을 고찰하는 방식으로서는 크게 사회·심리적 접근방법과 역사적 접근방법으로 나눌 수 있다. 사회·심리적 방법은 가해자·피해자 관계라는 심층심리적 분석을 통해 갈등관계의 심리상을 규명하는 것이다. 이 방식은 갈등관계의 일반론적인 특성을 이해하는 데 도움을 준다. 실제 한일간 인식의 문제는 상당부분 가해자의식과 피해자의식의 격차에 기인한다. 그러나 이것만으로는 한일관계를 이해하는 데 불충분하다. 한국과 일본의 각종 조사보고에 의하면 한국인의 부정적인 일본관의 가장 큰 요소는 '역사인식의 갭' 또는 '일본인의 역사에 대한 자세'로 나와 있다. 한일간 상호인식의 문제에는 현상분석으로만 설명되지 않는 역사적 요소가 보다 중요함을 시사해준다. 역사적 요인을 고찰하지 않으면 안 되는 까닭이다.

본서에서 채택하고자 하는 역사적 접근방식이란 양국민의 상호인식상의 대립, 즉 격렬한 상호혐오·적대감·멸시관의 근원을 역사적인 고찰을 통해 밝혀보고자 하는 것이다. 한국과 일본같이 역사의 시작부터 수천 년 동안 관계를 맺어온 경우 역사적 접근은 매우 유용하고 타당성이 높다. 나아가 상호인식의 형성과 전개양상을 고찰해 봄으로써 극복을 위한 실마리를 모색해 보려고 한다.

이상과 같은 문제의식 하에 한국과 일본 양국민의 상호인식의 형성과 전개양상에 대한 역사적 고찰을 통해 그 특성을 분석해보고, 나아가 이를 바탕으로 양국관계의 미래상에 대한 전망과 대책을 제안해 보고자 한다.

상호인식의 역사적 전개[1]

고대

한일 양국의 관계는 기록이 없는 아득한 옛날부터 시작되었다. 선사시대의 교류에 대해서는 신화와 유물을 통해서 유추해 볼 수밖에 없다.

우선 양국의 신화를 비교해보면 일본의 건국신화는 고조선·부여·고구려·가야 및 백제의 그것과 아주 흡사하다. 특히 가야의 김수로왕 설화와 일본의 건국설화인 천손강림설화(天孫降臨說話)는 이야기의 유형·주제(motive)·성역지명(聖域地名) 등에서 너무나 닮았다. 양자 모두 천신(天神)의 명령을 받아 하늘에서 포백(布帛)에 싸여 내려왔다는 점에서 같다. 또 하늘에서 내려와 최초로 자리 잡은 곳의 지명이 가야는 구지봉(龜旨峯)이고, 일본은 구지후류[久土布流]로 같은 지명이다. 양자의 유사성은 이른바 '기마민족 일본열도 정복설(騎馬民族日本列島征服說)'의 바탕이 되기도 하며, 일본 천황가의 출자가 어디인지를 극명하게 보여주는 것이라고 하겠다.

한편 야마토[倭]조정을 건설한 천황가가 백제계라는 주장도 있다. 그 근거는 일본의 건국신화의 구성이 고구려의 건국설화 및 그것에 이어지는 백제의 건국설화와 핵심적인 모티브가 흡사하다는 것이다. 또 규슈[九州]에서 동쪽으로 정벌을 감행하여 기나이[畿內]지역에 야마토조정을 확립하는 과정을 형상화한 이른바 '동정설화(東征說話)'도 고구려의 동명왕이 부여에서 남하해 고구려를 건국하는 과정과 아주 비슷하다. 이 정복전쟁 과정은 하늘에서 내려온 천신족(天神族)과 토착세력인 국신족(國神族)의 대결구도로 이루어지며, 거의 대부분 천신족이 승리하는 것으로 구성되어 있다. 이것은 한반도에서 청동기 문물을 가지고 건너간 유이민(流移民) 집단인 천신족이 신석기 단계에 있던 일본의 토착원주민인 국신족을 정복하였음을 말해준다.

일본 최초의 역사서인 『고사기(古事記)』를 보면, 태양신인 아마테라스 오오미카미[天照大神]의 손자로 하늘에서 지상으로 내려와 일본을 건국한 시조신인 니니기노미고토[瓊瓊午尊]는 구지후루에 하강한 이유를 다음과 같이 말하였다.

9

"이 땅은 가라쿠니(韓國)를 향해 바라보고 있으며, 카사사곶을 거쳐 곧장 도달하였다. 이곳은 아침 햇살이 바로 비치고, 저녁 햇빛이 찬란하게 빛나는 땅이다. 그러므로 참으로 상서로운 곳이로다."

이것은 일본 건국신화의 '향한국성(向韓國性)'과 '향일성(向日性)'을 나타낸다. 이 밖에도 일본신화에서는 한반도를 '뿌리의 나라[根國]', '본래의 고향[本鄉]', '파라다이스[常世]'로 표현하고, 그 이미지는 어머니 혹은 고향의 이미지와 유사하다. 또 일본신들에게는 각기 고향이 있는데, 한(韓)·백제(百濟)·신라(新羅)·고려(高麗) 등의 수식어가 붙어있는 신이 많다. 이들 신들은 바로 한반도계 이주민들의 역사와 이동경로를 나타내주는 것으로, 이런 사실을 두고 어떤 신화연구자는 '신들의 이민(移民)'이라고도 표현하였다.

이상 일본신화의 내용들은 한반도로부터 건너간 유이민 집단이 토착세력을 정복하고 일본의 고대국가를 건설하였다는 역사적 사실을 상징화한 것이다. 양국에서 출토된 고고학적 유물의 분포도 이들 천신족의 활동경로와 일치하고 있다.

역사시대에 들어오면 상대국에 대한 관심도를 확인하는 방법으로 사서(史書)와 기록물의 기사수량을 비교해보는 것이 의미가 있다.

우선 문헌기록의 수량에서 양국간에는 압도적으로 차이가 난다. 일본 고대의 정사(正史)인 '육국사(六國史)(『일본서기(日本

書紀)』『속일본기(續日本紀)』『일본후기(日本後記)』『속일본후기(續日本後記)』『문덕실록(文德實錄)』『삼대실록(三代實錄)』 등 6개의 사서를 통칭하는 용어)'에는 한반도관계 기사가 1,000여 회가 넘게 나온다. 이 밖에 『만엽집(萬葉集)』『신찬성씨록(新撰姓氏錄)』 등에도 한반도 기사가 많아 그 내용이 바로 '고대한일관계사'라고 해도 과언이 아닐 정도이다. 이에 비해 한국고대의 사서인 『삼국사기』에는 일본관계 기사가 67회 수록되어 있는데, 그 중 34회가 왜의 침략에 의한 전쟁관련 기사이다. 교빙에 관한 기사는 19건인데, 왜사신의 내빙이 19회, 신라사신의 일본행이 2회이며, 기타 12건이다. 한편 『삼국유사』에는 10회 정도 수록되어 있으며 그나마 대부분 왜구에 관한 짧막한 기록으로 되어 있다. 이러한 사실은 문화의 동류현상(東流現象)을 증명함과 동시에 일본인의 문화의 중심 내지 본원(本源)에 대한 관심집중현상을 그대로 보여주는 것이다.

한국은 일본인에게 최초의 외국이었다. 그래서 한반도의 가락국을 가리키는 '가라(から)'가 '외국'을 의미하는 말이 되었다. 일본 최초의 정사인 『일본서기』에 나오는 대외관계 기사를 보아도 그 점은 확인된다. 『일본서기』에 나오는 국명의 회수를 보면, 총 1,343회 중 한반도의 국가(신라·백제·고구려·가야)가 1,206회, 중국대륙의 국가가 137회이다. 한반도 국가와의 교류가 중국대륙의 국가들과의 교류보다 시대적으로 훨씬 앞섬은 물론 수량 면에서도 전체의 90%를 차지할 정도로 많았다.[2]

이 시기 한국인의 일본관(日本觀)은 기록이 너무 적어 확실히 알 수 없지만 '왜구(倭寇)'라는 이미지가 주로 부각되었던 것 같다. 그러나 침략자로서의 사실은 기록되어 있지만 '군사적 강국'이라는 이미지는 보이지 않는다. 그 밖의 분야에 대해서는 거의 기록이 없는 것으로 보아 당시 한국인은 일본에 대해 무관심했다고 추측된다.

한편 일본인의 한국관은 양면적으로 구성되어 있다. 우선 '선진문화국' 이미지로 자기문화의 모태로서의 동경심이 나타나 있다. 그 점은 일본신화에 잘 나타나 있다. 다음으로는 자신의 무력적 우위를 강조하고 한국을 정치적으로 낮추어 보고자 하는 '번국사관(蕃國史觀)'이다. 4세기 후반은 일본에서 고대국가가 형성되는 시기로, 이때부터는 한반도 국가를 적대시하고 침략대상지로 보려는 의식이 나타나기 시작한다. 대표적인 것이 『일본서기』에 나오는 이른바 신공왕후(神功后)의 삼한정벌(三韓征伐) 설화와 임나일본부(任那日本府) 설화이다. 문화적 열등의식을 무력적 우위의 과시로 보상받으려는 강박관념적인 '힘에로의 의지'는 이후에도 끊임없이 나타나고 있는 현상이다. 한편 『삼대실록』에는 9세기 중반 장보고를 비롯한 신라세력의 해상권 장악에 대한 공포심이 표현되어 있다.

그런데 '조선번국관(朝鮮蕃國觀)'은 이후 일본인의 한국관의 원점이 되었다는 점에서 조금 더 자세히 살펴볼 필요가 있겠다.

663년 27,000명에 달하는 일본의 백제구원군이 백촌강전투에서 패배하고, 이어 한반도에서의 통일전쟁이 끝나자 일본은 한반도와의 관계를 일단 단절하였다. 670년 덴무[天武]천황은 국호를 '왜(倭)'에서 '일본(日本)'으로 바꾸고 왕의 호칭도 '대왕'에서 '천황'으로 고쳤으며, 681년에는 새로운 역사를 편찬할 것을 명하였다. 이처럼 7세기 말엽 이래 일본의 내셔널리즘이 매우 고양되었는데, 『고사기』와 『일본서기』는 그 일환으로 편찬되었다. 여기에는 새로운 국제관계 속에 일본의 지위를 명확히 하자는 의도가 있었다. 중국과 통일신라에 대한 일본민족주의의 표출의 결과 한반도제국을 번국(蕃國)으로 삼았다. 그것은 신공왕후의 삼한정벌 설화와 임나일본부설로 표현되어 있다. 이것들의 허구성에 대해서는 이미 많은 연구에 의해 밝혀진 바로서 여기서 새삼 논의할 필요는 없고, 다만 일본의 대표적 연구자의 견해를 인용하는 것으로 대신하고자 한다.

"신공전설(神功傳說)은 본래 야마토[大和]조정 내의 신화기사(神話記事)로서 관념적인 외국관이었는데 7세기 후반 이래 현실적인 외국관으로 변질되었다. 즉, 7세기 후반 신라와의 감정적인 대립관계와 일본 내셔널리즘의 고양에 의해 신공전설이 발생, 발전하였다. 『고사기』의 기사에 의하면 이 침략설화는 신과 국왕만의 전쟁이었다. 전쟁의 이유와 의의도 알지 못하며, 장군도 군대도 전장(戰場)도 나와 있지 않은 '허공의 전쟁'으로서 신화적·종교적 침략설화이다. 그러나 이 침략설화가 사료상에는 야마토조정과 고구려·백제의 최초의 만남이며, 한국관(나아가 외국관)의 출발점이 되었다. 8세기 전반 이후 이 침략설화는 제2차세계대전 이전에는 물론 전후까지 일본의 국정교과서에 실려 대외관계의 출발점으로서 교육되었고, 오늘날까지 일본인의 외국관의 원형이 되고 있다. 사실과는 관계없이 제멋대로의 자국중심주의적 외국관으로 발전한 것이다."[3]

신공왕후는 남편인 14대 쥬아이[仲哀]천황이 죽은 후 70년간 섭정을 했다고 『일본서기』에 나와 있지만 그 실재성을 인정하기 어렵다. 아마도 중국 사서인 『삼국지』의 「위지왜인전(魏志倭人傳)」에 나오는 왜의 여왕 히미코[卑彌呼]라는 존재에서 유추해 창작한 가공의 인물로 보인다.

4세기 후반에서 562년 대가야가 멸망할 때까지 가야지역에 임나일본부를 설치해 운영하였다는 임나일본부설 역시 '일본'이라는 국명이 670년에 처음으로 사용되었다는 사실에서 알 수 있는 것처럼 후대에 조작된 것이다. 임나일본부설은 당시 한반도와 일본열도의 문화수준과 대세론으로 볼 때 현실성이 없으며, 사료상으로 보아도 양국의 『일본서기』에만 기사가 있을 뿐 『고사기』에는 전혀 언급되지 않았다. 한국과 중국의 사서에도 관련기사가 전혀 나오지 않기 때문에 『일본서기』의 사료적 신빙성을 의심하지 않을 수 없다. 또 그것의 존재를 증명해 줄 고고학적 유물 역시 전혀 출토된 바 없다.

일본 측의 이러한 주장에 대해 북한의 김석형 교수는 거꾸로 일본열도 내에 삼한(三韓)과 삼국(三國)의 분국(分國)이 있었는데, 그것과의 관계를 말하는 기사라고 하였다. 혹자는 임나일본부가 대마도에 있었다고 주장하기도 한다. 그 밖에 제2차세계대전 이후 한일 양국에서는 임나일본부가 가야에 파견된 왜의 사신을 가리키는 것이라는 학설, 왜인거류민지역이라는 설, 가야와 교역하는 왜의 상인이나 사절단을 위한 교역소로서 조선시대 '왜관(倭館)'과 유사한 것이라는 주장 등 매우 다양한 해석이 나오고 있다. 필자가 보기에는 임나일본부는 왜관과 같은 기구 내지 일정한 지역을 가리키는 용어가 아닌가 한다.

그런데 체계화된 대한(對韓) 우월관은 율령시대(律令時代)에 접어들어 신국의식(神國意識)이 고양됨에 따라 더욱 확대 발전되었다. 이러한 우월관은 한반도와의 교섭이 긴장될 때마다 신국관(神國觀)과 일체화하여 다시 일어났고 민중들의 의식에도 확대되어 갔다. 이것은 도요토미 히데요시[豊臣秀吉]의 조선침략 시에도 원용되었고, 에도[江戶]시대의 국학자, 막부말기(幕府末期)의 신도론자(神道論者)에게 이어져 근대 '조선침략론[征韓論]'의 원류가 되었다. 즉, '고대이래의 조공국'인 조선을 정복하는 것은 당연하며 임나일본부가 있었던 한반도에 진출하는 것은 침략이 아니라 '고토(故土)회복'으로 정당화하였던 것이다.

중세

779년 신라로 보내는 24번째이자 마지막 사절단인 견신라사(遺新羅使)의 파견을 끝으로 신라와 일본은 국교를 단절하였다. 그 후 고려시대에는 거의 전시기에 걸쳐 양국 정부간에 공식적인 교류가 없었다. 헤이안[平安]시대의 일본은 국풍문화(國風文化)에 심취해 대외교섭에 냉담하였다. 고려중기 이후 민간차원의 교류와 교역만이 활발하였다. 당연히 고려와 일본 양국은 고대에 비해 상대방에 대해 무관심하였고, 따라서 사서에 기록된 기사의 양도 적은 편이다. 양국의 기록을 살펴보면 일본의 『유취국사(類聚國史)』『일본기략(日本記略)』『우관초(愚管抄)』『신황정통기(神皇正統記)』『오처경(吾妻鏡)』등 사서에는 신국사관에 충실한 가운데서도 한반도기사가 적지않게 나와 있다. 또 『화명초(和名抄)』『금석물어(今昔物語)』등에도 한반도의 문물에 대한 기록이 많이 기술되어 있다. 한편 한국측의 기록으로는 『고려사(高麗史)』『고려사절요(高麗史節要)』의 사서가 있는 정도인데 그 내용이 대부분 왜구와 관련된 기사이다.

이 시기 한국의 일본관은 고대와 마찬가지로 침략자로서의 왜구라는 이미지가 가장 컸으며, 공포·증오·멸시의 대상이 되었다. 문화교류나 그 밖의 기사는 거의 없어 일본사회와 문화 등 다른 분야에 대해서는 전반적으로 무관심하였던 것 같다. 한편 진봉선무역(進奉船貿易)과 팔관회(八關會)에서 일본호족의 사신과 상인들이 행한 조공의 예와 그들의 서계(書契)에 나와 있는 '고려상국관(高麗上國觀)'[4] 때문에 조정에서는 일본을 하국시(下國視)하는 현상이 형성되기도 하였다. 또 고려시대 말기인 1375년 사신으로 일본을 방문한 정몽주가 12수의 사행시를 남겼는데 여기에는 일본에 대해 멀리 떨어져 변방에 위치한 '절역(絶域)'이라는 이미지가 나타나 있다.

일본인의 한국관은 기본적으로 일본서기적 사관이 계승되었다. 특히 조정과 공가(公家)의 경우 해외정세와 상대국에 대한 독선적 이해가 고대 이래 지속되었다. 13세기 말 두 차례에 걸친 여원연합군(麗元聯合軍)의 일본침공 이후에 저술된 『신황정통기(神皇正統紀)』를 통해 기타바다케 치카후사[北畠親房]는 '신국사관'(神國史觀)을 확립하는데 고려에 대한 관념적 우위성과 적개심이 두드러진다. 일본서기적 한국관에 '원구(元寇: 여원연합군의 일본침공을 부르는 일본식 역사용어)'이래의 적개심이 추가된 것이다. 중세 일본인의 고려인식의 특징은 신국의식과 국제정세에 대한 무지에서 나오는 '무관심'과 원구로 인한 '공포심'으로 대표된다고 하였다.[5] 그러나 한편으로는 고려에 대해 대장경을 만든 '불교문화의 선진국'이라는 것과 무역상의 실리를 줄 수 있는 교역대상국으로서의 이미지도 가지고 있었다.

근세[6]

근세에서 한일 양국은 600여 년 만에 국교를 정상화하였고, 이후 500여 년간에 걸쳐 긴밀한 교류를 하였다. 779년 일본에서 신라로 파견한 마지막 견신라사 이후 국교가 단절된 이래

1401년 조선왕조와 일본 아시카가막부[足利幕府]간에 정식으로 국교를 재개하였으므로 정확하게는 622년만의 일이다. 조선왕조는 건국 이후 적극적으로 대외교섭에 나섰고 일본도 오랜 동안의 쇄국상태에서 벗어나 동아시아 국제무대에 등장하였다. 양국은 중국 중심의 국제질서인 책봉체제(冊封體制)에 편입하면서 교린관계를 맺었다. 이에 따라 사절을 교환하였고, 물화의 교역, 문화교류 등 어느 시대보다도 활발한 교류를 하였다. 16세기 말에는 임진왜란이라는 파멸적인 전쟁을 치렀지만 그 후에도 교류는 유지되었다. 500여 명에 달하는 통신사행이 10여 회에 걸쳐 일본을 방문해 각지의 민중들과 교류하였고, 부산의 왜관에는 500여 명에 달하는 일본인이 상주하였다. 이러한 교류와 접촉을 통해 양국민들은 구체적인 이미지를 형성하게 되었고, 이것은 오늘날까지 양국민의 상호인식의 기본적 틀이 되고 있다.

한국인의 일본관

초기의 조선 왕조는 일본을 적극적으로 인식하려 했다는 점이 몇몇 자료들에 나타나 있다. 비록 기행록 수준이지만 대일사행원들에 의해 몇 권의 일본사행록이 나왔고, 15세기 말에는 조정에서 신숙주로 하여금 『해동제국기(海東諸國紀)』를 찬술케 하였으며, 중국에서 나온 『일본고략(日本考略)』의 역주본을 간행하였다.

고려 말 이래 일본에 대한 인식은 '왜구'에 대한 이미지가 중심적이었다. 실제 조선전기 대일교섭의 목적은 왜구의 진압이었고 모든 정책의 초점은 이것에 맞추어져 있었다. 반면 조선시대 한국인의 대외인식의 기본 틀을 보면 그것은 주자학적 세계관에 바탕을 둔 '화이관(華夷觀)'이었다. 그것이 외교정책으로 나타날 때는 '사대교린(事大交隣)'으로 구체화되었다. 그러나 인식상으로 보면 조선은 나름대로 조선 중심의 세계관념을 가지고 있었고, 이러한 자기인식과 세계관의 틀 속에서 일본관도 규정되었다. 여기에서 조선은 중국과 동등한 문화국인 반면 일본과 여진족은 유교문화를 갖추지 못한 오랑캐로 인식되었다.

이 시기 조선인의 세계관과 자아인식을 잘 보여주는 것이 1402년(태종 2년)에 제작된 '혼일강리역대국도지도(混一疆理歷代國都之圖)'이다. 이 지도에는 당시 사람들이 생각하고 있었던 소중화의식의 모습이 선명하게 드러나 있다.

혼일강리역대국도지도
이 지도는 15세기 초반에 제작된 것으로서, 동서양을 막론한 당시의 가장 뛰어난 세계지도 중의 하나로 평가받고 있다. 이 지도에 나타난 세계의 범위를 보면, 동아시아(중국·조선·일본·유구·동남아제국) 뿐만 아니라 서남아시아(인도·아랍), 나아가서는 유럽과 아프리카를 포괄하고 있다.

조선전기 소중화의식
중화(中華) : 명(대중화), 조선(소중화)
이적(夷狄) : 일본, 여진, 유구
금수(禽獸) : 동남아도서, 서역, 유럽, 아프리카

이것을 그림으로 나타내 보면 위와 같다.

조선정부는 일본·유구·여진·동남아국가와 교린관계에 있었지만 그 관계를 광의의 '기미교린(羈縻交隣)'으로 인식하였다. 일본에 대해서도 적례국(敵禮國)으로서 대등하다는 인식은 있었지만 화이관에 입각하여 야만시하는 경향이 강하였다. 그밖에 아시카가막부의 왜구통제력 부족, 무례한 외교자세, 일본국왕사가 사행시 이익을 구하는 태도, 경제적 지원을 청할 때의 저자세 등도 조선의 대일멸시관을 초래한 요소이다.

일반적으로 일본에 대해서는 '왜구의 소굴'이라는 이미지가 있었고, 지식인들은 화이관에 입각하여 일본이적관(日本夷狄觀)을 가지고 있었다. 이에 더해 조선전기에는 일본을 '소국'으로 인식하였다. 즉, 조선전기의 일본인식에는 '일본이적관' 위에 '일본소국관(日本小國觀)'도 포함되어 있었다.

1471년(성종 2년) 왕명에 의해 저술된 『해동제국기(海東諸

國紀)』와 1501년(연산군 7년)에 간행된 『서북제번기(西北諸蕃記)』는 일종의 '외국열전(外國列傳)'에 해당하는 성격을 띠고 있다. 이것은 곧, 조선은 바다 동쪽에 있는 나라와 서북지역의 만주에 있는 나라들을 번국(蕃國)으로 인식하였다는 의미이다.

16세기 이후로는 일본이적관과 일본소국관이 더욱 심화되어 갔다. 15세기 중반 대일통신사(對日通信使) 파견이 중지됨에 따라 조선정부에서는 일본의 국내정세에 대한 정보가 부족해졌고, 변방이 안정되면서 대일 무관심의 경향은 더욱 촉진되었다. 중종 이후로는 조선 초기와 같은 적극적인 정보 수집을 바탕으로 한 능동적인 대일정책 대신 명분론과 고식적인 대응책에 집착하였다. 일본인식에 있어서도 실용성과 문화상대주의적 인식에 근거한 신축적인 이해가 결여되는 반면 일본이적관이 경직화되어 갔을 뿐이다.

임진왜란으로 한국인들의 일본인식은 구체화되었지만 당연하게도 최악으로 바뀌었다. 7년간의 전쟁체험은 한국인들의 뇌리에 지울 수 없이 각인되었다. 일본은 '불구대천의 원수'로서 반드시 복수해야 한다는 '만세원(萬世怨)'과 '구세복수설(九世復讐說)'이 일반화되었으며 일본인에 대한 호칭은 '왜놈'이 되었다. 이러한 대일감정은 한국민중들에게 일종의 유전자처럼 계승되었으니, 이것이 오늘날까지 이어지는 일본관의 원형이 된 셈이다. 전쟁을 통해 형성된 '경생호살(輕生好殺)' 및 '잔인' '교활' 등의 부정적인 이미지는 강화되었으며, 17세기에 풍미한 소중화 의식에 의해 일본이적관과 대일적개심은 고

정화되어 갔다. 17세기 통신사행원들의 일본사행록에 보면 유교적 이념에 맞지 않는 일본의 풍습은 모두 오랑캐의 습속으로 간주되었다는 것도 알 수 있다.[7]

일본에 대한 재인식의 주장이 나온 것은 18세기 중반 실학자 이익에 의해서였다. 그는 기존의 화이관에서 벗어나 일본을 연구하고 이해할 것을 촉구하였는데, 이는 곧 문화상대주의에 입각한 개방적 일본인식의 제창이었다. 이에 따라 18세기 후반에 이르러서는 일부 실학자들이 일본의 문화에 대해 연구를 하였고, 일본에 대한 인식도 객관적이고 우호적으로 변화해 갔다.[8] 이 점은 매우 주목할 만한 현상이었다. 그러나 그들은 재야의 학자들로서 정부의 대일정책에 직접적인 영향을 끼치지는 못하였다. 1811년 대마도에서 행해진 '역지통신(易地通信)'을 마지막으로 통신사행이 두절된 이후 19세기 이래에는 일본에 대한 관심과 연구가 쇠퇴하는 경향을 보인다.

일본인의 한국관

아시카가막부 시대의 한국관(韓國觀)은 전통적인 관념을 계승하는 측면과 새로운 변화상이 혼재되어 있었다. 시기적으로도 변화가 있으며 조정·공가 그룹과 아시카가막부·서부지역의 호족과 상인들 간에도 인식의 차이가 있었다. 후자의 국제인식 및 한국관은 유연하고 개방적이었지만 지배계층과 민중들에게 일반화되지는 않았던 것 같다. 이 시기 일본은 대조선

교섭에 적극적이어서 막부의 사절이 70여 회이고, 기타 통교자들의 내빙회수는 『조선왕조실록』의 기사만으로도 4,800여 회에 달하였다. 특히 고려대장경과 불교문화에 대한 일본인들의 관심은 각별하였다. 고려 말 이래 대장경의 하사를 요청한 사절이 82회에 이르렀으며 결국 3,800여 권의 대장경이 일본으로 전달되었다.[9]

일본에서도 한국인식에 큰 변화의 계기가 된 것은 임진왜란이었다. 도쿠가와[德川]시대에 임진왜란에 대한 평가를 보면 두 가지 흐름이 있다. 도쿠가와막부는 임진왜란을 '명분 없는 침략전쟁'이라고 비판하였다. 하야시 라잔[林羅山]·아라이 하쿠세키[新井白石]·아메노모리 호슈[雨森芳洲]·가이바라 엣켄[貝原益軒] 등 유학자들이나 참전한 종군승(從軍僧)들도 같은 입장이었다. 정유재란 시 종군승으로 참전한 게이넨[慶念]의 『조선일일기(朝鮮日日記)』에는 전쟁의 비참함이 절실하게 묘사되어 있다. 한편 참전한 무장의 입장을 반영한 『태합기(太閤記)』 『조선정벌기(朝鮮征伐記)』 등에서는 무훈담을 중심으로 전승의식(戰勝意識)이 강조되었다. 모토오리 노리나가[本居宣長] 등 국학자들의 경우 임진왜란을 '신공후의 삼한정벌을 계승한 쾌거'라고 예찬하였다. 임진왜란을 비판하는 막부의 공식적인 입장에도 불구하고 이러한 의식은 뿌리 깊게 지속되었으며 민중들의 지지를 받았다. 임진왜란에 참전하였던 세력이 주축이 되어 일으킨 메이지[明治]유신이 성공한 직후에는 도요토미 히데요시를 모신 도요쿠니[豊國]신사가 공식적으로

부활되었으며 그에 대한 평가도 긍정적으로 바뀌었다.[10]

임진왜란에 대한 인식과 같이 도쿠가와 시대의 한국관도 양면적이었으며 시간적으로 변하는 양상을 보여주고 있다.

하나는 조선에 대한 문화적 존숭감이다. 임진왜란 이후 조선성리학·금속활자·도자기 등 조선의 문물이 전래된바 유학자를 중심으로 한 일본 지식인들 사이에서는 조선문화에 대한 활발한 관심과 함께 존경심을 가지게 되었다. 후지와라 세이카[藤原惺窩] 이래의 조선성리학 수용과 퇴계학(退溪學) 연구는 막부 말기까지 계속되었다. 퇴계학을 중심으로 한 조선성리학은 막부의 하야시가[林家]를 비롯해 야마자키 안사이[山崎闇齋]의 남학파(南學派), 구마모토[熊本]·가고시마[鹿兒島] 등 지방의 유학자들에게도 전파 및 계승되었다. 또 포로로 잡혀온 조선의 유학자들이 각 번에서 유학을 가르쳤고, 많은 조선본 서적이 복각되었다.

이 시기 일본인의 한국관은 경의와 우호적 인식이 많았다. 통신사행에 대한 그들의 열렬한 반응은 그러한 분위기를 잘 나타내 주고 있다. 후지와라 데이칸[藤原貞幹]의 『충구발(衝口發)』에 나타나 있는 한국관도 특기할 만하다. 그는 신국사관을 부정하고 고대 이래 한반도로부터의 문화적 영향을 긍정하고 그에 대한 존숭감을 나타내어 국학자인 모토오리 노리나가와 격렬한 논쟁을 벌이기도 하였다.

또 하나의 흐름은 일본형 화이의식(華夷意識)에 바탕을 둔 조선멸시관이다.

18세기 들어 조선의 서적유출 금지 조치와 일본의 중국과의 직접적 교류, 도쿠가와막부의 관학(官學)이었던 주자학의 쇠퇴와 고학(古學)·양명학(陽明學)·국학(國學)·난학(蘭學)의 상대적 발전 등의 변화 속에 조선에 대한 관심과 존경심은 점차 사라지고 대신『일본서기』이래의 전통적인 조선번국관이 되살아났다. 유학파 안에서도 미도[水戶]학파와 아라이 하쿠세키 등에서 싹이 보이고 양명학자인 구마자와 반잔[熊澤蕃山]·안도 쇼에키[安藤昌益]는 보다 강하게 조선멸시관을 드러내었다. 국학자들에 이르면 고전에 대한 연구를 통해 독특한 일본문화론을 제창함과 동시에 동아시아 세계관을 재정립하였다. 이른바 일본형 화이의식으로서 '기기의식(記紀意識: 고사기와 일본서기적 의식)'에 바탕하여 조선번국사관을 체계화하였고, 이것은 근대 이후 일선동조론(日鮮同祖論)과 조선침략론의 바탕을 이루었다.11) 시간적인 변화는 있지만 문화열등감과 무력우위에 대한 자신감이라는 분열된 양상은 이 시기까지 지속되고 있었던 것이다.

조선후기 한일 양국의 세계관의 전개양상을 한마디로 요약하면 조선중화주의(朝鮮中華主義)와 일본형 화이관념의 대결이라고 할 수 있다.12) 조선중화주의가 유교적 기준에서의 문화우월성에 기초한 것이라면, 일본형 화이관념은 군사력에 대한 자신감과 천황중심의 신국의식이 그 기반이다. 중국에서의 통일왕조가 명에서 청으로 바뀐 후에는 전통적인 화이관념이 무너지고 각 나라마다 각기 지역 내의 '소중화'를 자처하는 이른바 '화이변태(華夷變態)'적 상황이 전개되었다. 베트남도 마찬가지의 움직임을 보였다. 그러나 그 중에서도 일본형 화이관의 기준은 상당히 독특하고 이질적이다. 그런데 조선중화주의와 일본형 화이의식에는 모두 자민족중심주의의 독선이 내재되어 있었다. 이러한 상반된 자타인식에 의해 표면적 선린우호와 달리 내면적으로는 대립과 갈등이 누적되어 갔다. 이 의식의 괴리와 허구성은 19세기 후반 힘의 균형이 무너지자 바로 현실화되었다.

시기적인 추이를 보면 한국의 경우 18세기 후반 실학자들에 의해 일본인식이 우호적으로 바뀌어간 데 비해 일본에서는 민족적인 성격이 강화되어 갔다. 19세기에 들어와서는 한국의 경우 개방적인 인식이 후퇴하고 고식적인 대외관으로 변화한 반면, 일본은 변화하는 국제정세에 상당히 적극적으로 대응해 갔다. 또한 일본에서는 19세기 이래 한국연구가 활발해지는 데 비해 한국의 일본연구는 오히려 무관심해지고 쇠퇴해가는 경향을 볼 수 있어 매우 대조적이다. 그러나 이 시기에 이루어진 일본의 한국연구는 정치·군사적 관점에서 나온 '침략대상지로서의 한국연구'라는 점에서 문제가 있다.

근현대의 상호인식

근대[13]

19세기 후반부터 시작되는 근대한일관계사는 일본의 한국에 대한 일방적인 침략과 한국의 저항으로 점철되었다. 일본은 메이지유신 전후의 조선침략론, 개항 강요, 불평등조약의 체결, 경제적 침투, 동학농민군 진압, 청일전쟁, 러일전쟁, 항일의병의 진압 등에 이어 20세기 초반 병합과 식민지 지배로 그 마무리를 지었다.

한국인의 일본관

개항 이후 한국의 정치세력에는 개화파와 척사파 그리고 민중세력이 있었다. 이 세 세력은 각기 다른 사상과 운동노선을 지녔고 대외관념도 물론 달랐다. 다음에서는 이 세력들 각각의 일본관을 나누어 살펴보겠다.

① 개화파는 조선후기 북학파 실학을 계승하여 화이관에서 벗어나 서양제국과 국제정세의 변화에 민감하였다. 개항 이후 1,2차 수신사(修信使)와 일본시찰단을 통해 일본을 견문한 이들은 일본의 발전에 감탄하였고, 근대화의 모델로 인식하였다. 그러나 급진개화파는 청나라에 대한 적대감으로 인해 일본에 의존적인 입장을 취하였고, 일본의 침략성에 대해서는 어설픈 인식을 하고 있었다. 그들은 후쿠자와 유키치[福澤諭吉]의 문명개화론을 수용하면서 그를 조선의 지지세력으로 생각하였고 위장침략단체인 흥아회(興亞會)가 내건 '아시아연대론'을 그대로 믿었으며, 나아가 러일전쟁시에는 일본을 지지하였다. 이러한 개화파의 부정확한 인식은 국제정세를 오판한 것으로 개혁운동의 실패와 민중들의 지지를 상실하는 원인이 되었다.

② 척사파는 재야의 유림(儒林)들로서 전통적인 일본이적관을 지니고 있었다. 개항을 전후하여 일본의 서구 지향과 국서(國書) 문제를 둘러싼 강압적인 태도에 의해 일본을 '왜양일체(倭洋一體)'로 파악하여 '이적(夷狄)'에서 '금수(禽獸)'로 변했다고 하며 더 낮추어 평가하였다. 그들은 새로운 국제정세와 일본의 변화에 대해 무지하였다. 최익현 같은 경우는 국제정세에 상당한 안목이 있었지만 대처방안은 '쇄국양이(鎖國攘夷)'에 그치고 말았다. 척사파 가운데 일부는 후일 개화파에 합류하기도 하지만 주류는 항일의병운동을 주도하였다. 이들의 견

해는 정책화되지는 못하였지만 많은 민중들의 지지를 받았고, 병합직전까지 항일운동의 정신적 바탕이 되었다.

③ 민중들은 지식인보다 격렬한 일본관을 가지고 있었다. 1860년에 창도된 동학(東學)의 『용담유사(龍潭遺詞)』에는 임진왜란으로 인한 대일적대감이 도처에 나타나 있다.[14] 농민들은 개항 후 일본의 경제침략의 희생자이고 정치군사적인 침략에 대한 위기의식도 강하였다. 1890년대 동학농민운동 때에는 '척양척왜(斥洋斥倭)'가 핵심주제가 되었고, 격문에는 격렬한 반일감정이 표출되어 있다. 동학농민운동이 일본에 의해 진압되자 이들은 항일의병투쟁에 주력군으로 참여하였다.

이와 같이 근대 한국인들의 일본관은 분열적으로 나타났으며 시간의 경과에 따라 더욱 증폭되었다. 척사파와 민중의 일본에 대한 반감은 친일성향의 개화파에 대한 적대감으로 변해 근대화운동 자체에 대한 저항으로 나타났다. 이것이 근대사의 방향을 정하는 데 큰 영향을 끼쳤다. 주요시기, 주요운동 때마다 개화파와 민중세력이 단합하지 못하고 대립과 마찰을 거듭하게 된 주요 이유 중 하나가 이와 같은 일본관의 상위(相違)에서 초래되었던 것이다.

식민지 시대가 1910년부터 시작되면서 1910년대 무단정치(武斷政治) 하의 탄압, 1920년대의 경제적 수탈, 1930년대 이후의 민족말살정책 등 가혹한 탄압정책뿐 아니라 관동대지진 때의 학살, 징병·징용 등으로 한국인의 일본관은 저항과 적개심으로 점철되었다. 유사 이래 문화의 수혜국이자 후진국이었던 일본에게 지배당한다는 굴욕감은 더욱 강한 적대의식으로 전환되었다. 한일병합은 양국관계상, 그리고 한국역사상 최대의 비극으로 평가되듯이 양국민의 상호인식 또한 가장 왜곡되고 극단화된 형태로 고정화되어 갔다. 일본인에게는 우월감과 멸시관이, 한국인에게는 적대감과 피해의식이 굳어져 갔다. 그 상처는 아직도 주변에 그대로 남아있으며, 전 국민들의 집단적 체험은 후대에게 계승되어 오늘날까지 잠재의식화되어 있다. 현대의 양국민의 상호인식의 바탕은 여전히 식민지시대의 그것을 벗어나지 못하고 있다고 해도 과언이 아니다.

일본인의 한국관

근대 일본인의 한국인식에는 큰 변화가 일어났다. 무력우위와 문화적 열등이라는 종래의 복합적 감정을 청산하게 된 것이다. 이러한 현상은 일본이 근대서구문명을 성공적으로 수용한 후 그 기준에서 종래 '중화(中華)'였던 중국과 '소중화(小中華)'였던 조선을 미개·야만으로 멸시하면서 문화적 우위를 과시하면서 나타났다. 여기에서는 근대 일본의 한국관을 이루는 핵심적인 이론들에 대해 살펴보도록 한다.

① 조선침략론[征韓論]: 좁은 의미의 정한론은 1873년 메이지정부의 그것에 한정되지만 광의의 정한론은 일반적 의미에서의 조선침략론으로서, 19세기 일본의 대외인식의 기본 틀을 구성하는 요소이다.15) 막부 말기 하야시 시헤이[林子平]·사토 노부히로[佐藤信淵]·요시다 쇼인[吉田松陰]·가츠 가이슈[勝海

舟] 등 해방론자들에 의해 제기된 해외웅비론과 조선침략론은 환상적인 차원이었지만 메이지유신 후에는 '정한론'이라는 현실적인 정책으로 발전하였다. 이들의 조선침략론은 메이지유신 후 조선의 국서접수 거부사건을 둘러싸고 1873년 사이고 타카모리[西鄕隆盛]·이타가키 다이스케[板垣退助]에 의해 본격적으로 제기되었다. 침략의 실행여부를 둘러싸고 논쟁이 일어났지만 핵심은 침략 그 자체에 대한 찬반보다도 시기와 구체적 방법에 관한 것이었다. 메이지시대의 정한론은 조선만을 대상으로 한 것이 아니었으며, 무한정한 팽창주의로서 출발점을 조선으로 삼은 것뿐이었다. 이후 이것은 근대일본의 대외사상의 기반이 되어 아시아패권론, 맹주론, 아시아주의로 발전하여 갔다.

② 아시아연대론: 1881년 결성된 자유당을 중심으로 제기되었으며 동양의 기운을 만회하기 위해서는 일본·중국·조선 삼국이 연대해야 한다는 주장이었다. 이 시기에 나왔던 '흥아론(興亞論)' 및 '아시아주의', '제휴론'도 이와 같은 부류로서 일종의 집단안보체제구상이라고 볼 수 있다.16) 그러나 연대론은 관념적인 차원에 그쳤다. 그 속에는 일본맹주론이 잠재되어 있었고, 위기 시에는 침략론으로 변질될 소지가 이미 있었다. 1884년 자유당이 해체된 후 연대론은 내정간섭과 침략론, 대아시아주의를 주장하는 국권론(國權論)으로 변하였다. 기본적으로 '흥아론' '아시아주의' '연대론'은 '탈아론'(脫亞論)과 외견적으로는 이데올로기의 형태를 달리하면서도 서로 보강

하여 아시아침략을 정당화하였던 것이다.[17)]

③ 탈아론(脫亞論): 메이지시대의 사상적 지도자였던 후쿠자와 유키치가 1885년 3월 16일 자신이 경영하였던 『시사신보(時事新報)』의 사설로 게재하면서 유명해졌다. 일본에서는 일반적으로 1884년 9월 청불전쟁에서 청이 패배하고 12월 조선에서 갑신정변이 실패하자 탈아론이 성립하였다고도 한다. 그 내용은 일본 내정의 문명화와 함께 대외적으로는 중국·조선과의 관계를 끊고 서양의 문명국과 진퇴를 같이할 것이며 양국에 대한 교섭에서도 서양제국의 방법으로 해야 한다는 것이었다. 이는 서구문명을 적극적으로 수용함으로써 일본의 근대화를 달성하자는 것으로, 산업화에 진입한 서구적 가치를 '문명'으로 보고 뒤쳐진 농경사회적 단계에 머무르고 있던 아시아적 가치를 '미개' 내지 '야만'으로 평가하였다. 후쿠자와가 본 세계관과 아시아인식을 도식화해 보면 그림과 같다.

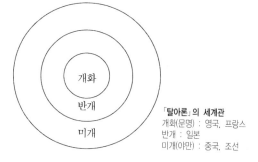

「탈아론」의 세계관
개화(문명) : 영국, 프랑스
반개 : 일본
미개(야만) : 중국, 조선

탈아론에서의 한국관은 어떠하였을까?

후쿠자와는 동양의 전통적인 국제관에서 탈피하여 서양적 근대화의 기준에 선 만큼 문명관도 일변하여, 조선과 중국을 각각 빈약하고 노후한 미개국이라고 보았다. 종래 한일관계의 문화적 기준도 바뀌어 한국에 대해서는 '무력약국(武力弱國)'에 근대문명에 뒤떨어진 '미개국(未開國)'의 이미지까지 추가로 부여하였다.

그는 한국문제에 관심이 많아 『시사신보』의 사설에서만 그에 대해 72차례나 기술하였다. 그의 한국관의 변화상을 보면 1875년 개항 시에는 '소야만국', 1982년 임오군란 때는 내정간섭론, 1894년 동학운동 때에는 동학농민군의 진압과 대청개전(對淸開戰)을 주창하면서 '조선보호국론'을 제기하였다. 이와 같이 그는 부국강병론자이자 국권론자, 침략주의자였다.[18] 따라서 그가 김옥균 등 조선의 개화파를 지원한 것은 진정한 연대의 의미에서가 아니라, 그들을 한국 진출의 수단으로 이용하기 위해서였다. 1884년 8월 13일에는 "조선인민을 위하여 그 나라의 멸망을 축하한다"는 논설을 발표하기도 하였다. 그는 그것을 문명의 전파 내지 교화로 생각하였지만 실제로는 문명과 야만이라는 미명으로 침략을 합리화한 것이었다.

1880년대를 풍미한 이 탈아입구론(脫亞入歐論)은 일본 근대화의 방향과 의식에 큰 영향을 끼쳤다. 일본은 자국에게 무력시위로 불평등조약을 강요하였던 서구열강을 미워하면서도 그것을 모방해 아시아 속의 유럽국가 행세를 하며, 같은 방식으로 아시아국가에게 침략을 감행한 제국주의국가로 노선을 정하였다. 이러한 문명관에 입각해 일본은 아시아의 새로운 맹주로서의 폐쇄적 우월의식을 가지게 되었으며, 탈아론은 식민사학의 '정체성(停滯性) 이론'의 관념적 근거가 되었다. 이것은 이른바 일본형 오리엔탈리즘이며 억압이행(抑壓移行)의 전형적인 사례라 할 수 있다.

④ 대아시아주의와 대동아공영권론(大東亞共榮圈論): 이 시기에 논쟁이 된 논의 중에 다루이 토키치[樽井藤吉]의 '대동합방론(大東合邦論)'이 있다. 이 이론은 얼핏 아시아연대론을 계승한 듯하면서도 대아시아주의가 결합된 것이다. 후일 조선침략 과정에서 침략성을 은폐하는 이론적 무기가 되었다는 점에서 결국은 일본의 '조선 흡수·병탄론(併呑論)'에 불과하였다.[19] 흑룡회(黑龍會)와 일진회(一進會)가 내세운 '한일합방론'은 이 대동합방론을 그대로 본뜬 것으로, 다루이 자신의 표현대로 '무기를 쓰지 않고 비용이 절감되는' 위장된 조선침략론이었다. 실제 그 후 일본의 침략은 다루이의 시나리오대로 진행되었다. 대아시아주의는 쇼와[昭和]시대에 대동아공영권론으로 발전하였다. 이것은 동아시아에 대한 일본의 침략을 정당화할 뿐 아니라 영국·미국과의 전쟁도발도 동시에 합리화하는 논리였다. 당시 현양사(玄洋社)·흑룡회를 중심으로 하는 대아시아주의자들은 모든 보편적 가치와 기준을 배제한 채 세계를 동양과 서양으로 양분하고, 동양은 순수·평화·피해자로, 서양은 방종·타락·착취자·침략자로 상징화하였다. 이에 일본은

동양을 지키기 위한 맹주로서의 사명감에 의해 전쟁에 나섰다는 것이다.[20]

⑤ 식민사관: 침략과 지배를 합리화하기 위한 이론은 식민사관으로 체계화되었다. 식민사관의 두 지주인 타율성론과 정체성론은 고대 이래의 일본서기적 사관과 근대 이래의 한국관이 합쳐진 것이다. 이전까지의 불합리한 한국관을 집대성한 것이라고도 할 수 있다. 타율성이론을 주창한 미지나 쇼에이[三品彰英]는 그의 『조선사개설』 서문에서 "한국은 몽고족의 주의주의(主意主義)적·정복적 지배와 한족(漢族)의 주지주의(主知主義)적·형식적 지배를 벗어나 일본의 주정주의(主情主義)적·애호적 지배를 받는 지금이 가장 다행스러운 시기"라고까지 강변하였다. 또 일선동조론(日鮮同祖論)을 내세워 1930년대 이래의 민족말살정책('황민화정책'이나 '동화정책')도 조선에게 은혜를 베풀어주는 것으로 여겼다. 정체성론에 의하면 식민지시혜론은 당연히 나오게 된다. 일본에서 황국사관(皇國史觀)이라고 부르는 식민사관은 신국의식에 바탕을 둔 자기도취적 역사해석일 뿐이지만 일제강점기 동안 체계적으로 주입되어 한국에 대해 일본인들이 가지는 인식의 바탕이 되었다.

⑥ 우호적 한국관: 이 시기에는 침략과 식민지지배를 반대하면서 우호적인 한국관을 가진 부류도 있었다. 1901년 고도쿠 슈스이[幸德秋水], 기노시타 나오에[木下尙江], 가타야마 센(片山潛] 등 사회주의자들이 만든 사회민주당에서는 러일전쟁을 침략전쟁이라고 규정하고 당국의 기만적인 선전을 비판하였

다.[21] 1907년 도쿄사회주의유지회(東京社會主義有志會)에서는 '대한결의(對韓決議)'를 표명하여 조선의 독립을 정부에 촉구하였는데, 이것이 진정한 의미의 '연대론'이라고 할 수 있겠다.

또 다이쇼[大正]시대의 인도주의자인 야나기 무네요시[柳宗悅], 대표적인 논객이자 정치학자인 요시노 사쿠조[吉野作造]와 이시바시 탄잔[石橋湛山]의 한국관도 주목할 만하다. 이들은 일정한 한계는 있었지만 일본의 탄압정책을 비판하면서 3·1운동을 지지하였다.[22] 그러나 이들은 소수로서 역부족이었고, 이단시되었다. 고도쿠 슈스이 등은 한일병합 직전 대역사건으로 체포되어 처형되었다. 식민지지배에 대한 반대와 연대의식이란 점에서 이들의 한국관은 쇼와시대의 마키무라 히로시[槇村浩], 나카노 시게하루[中野重治]로 이어지고 오늘날 일본의 좌파와 양심적 지식인에게로 계승된다고 할 수 있을 것 같다.

근대 일본인의 한국관은 이와 같이 크게 두 조류가 있었다. 그러나 전자(①~⑤)가 다수이자 주류였던 반면, 후자(⑥)의 한국관은 이단시되었고 실질적인 영향력이 거의 없었다. 메이지 이후 근대일본의 사상은 다양한 형태로 전개되었지만 대외적인 면에서는 거의 모두 한국침략을 긍정하고 있었다. 단지 시기와 구체적인 방법에 관한 차이와 논쟁이었을 뿐이다. 이 시기 일본인의 관념에는 아시아에서의 지도적 역할과 일본의 우월성·예외성이란 인식이 깔려 있었다. 이 점에서는 아무런 차이가 없으며 '팽창주의'란 목표도 동일하였고, 침략과 간섭은 사명감으로 간주되었다. 일반민중들은 무비판적으로 권력에서 창출한 이데올로기를 믿고 따랐다. 그것은 1923년 관동대지진 때 조선인대학살이란 형태로 드러났다.

현대

제2차세계대전이 끝나고 한국은 해방되었지만 곧이어 동서냉전의 급류에 휘말려 남북으로 분단되었고, 동족상잔의 전쟁을 치렀다. 일본과는 한국전쟁 중인 1951년 10월 '한일예비회담'이 개최되면서 관계개선 움직임이 시작되었으며, 1952년 미국의 주선으로 국교정상화교섭이 본격화되었다. 그러나 일본측의 한국에 대한 식민지지배의식의 잔존과 한국 측의 반일감정 때문에 회담은 식민지지배에 대한 청산을 둘러싼 문제로 1965년까지 13년 8개월이나 걸리는 난항을 겪었다. 이러한 상호불신에도 불구하고 국교를 재개한 것은 국제정세의 변화에 따른 미국의 강력한 권고와 양국의 정치적 필요성 때문이었다. 즉, 이를 통해 한국은 경제개발을, 일본은 아시아 외교를 시작하려고 한 것이다.

그런데 이 국교정상화 과정은 350년 전 임진왜란 후의 국교재개과정과 비교해볼 때 더 미흡하고 불완전한 것이었다. 임진왜란 후에는 일본에서 국서를 먼저 보낼 것과 왕릉을 범한 적을 사로잡아 보내라는 조선조정의 요구가 받아들여졌는데, 이는 전쟁책임문제에 대한 상징적인 조치라고 할 수 있다. 이에 비해 1965년의 한일기본조약에는 일본의 역사적 반성과 책임을 나타내는 문구가 없으며, 청구권에 따른 물자와 서비스의 공여도 '보상'이나 '배상'이 아니라 '경제협력금'으로 처리되었다. 이 문제가 아주 미흡하게 처리되었기 때문에 과거사청산 문제는 세기가 바뀐 오늘날까지 꼬리를 물고 양국의 에너지를 소모시키고 있는 것이다.

과정과 내용에 문제가 있었음에도 불구하고 한일기본조약의 체결은 전후 한일관계사에서 한 획을 그은 사건이었다. 이로써 양국은 과거사에 대해 일단 공식적인 종지부를 찍었으며, 이 조약은 이후 '1965년 체제'라고 불리며 한일관계의 기본 틀로서 작용해왔다.

20세기의 한일관계사를 개관해보면 대략 다음과 같이 나누어진다. 제1기는 1945년 이전까지로 일본제국주의에 의한 침략과 식민지지배의 시대로 '종속적 관계'였다. 1945년에서 1965년까지, 즉 해방에서부터 한일협정을 체결하기까지의 시기는 제2기로서 '적대적 관계'라 할 수 있다. 제3기는 1965년에서 2002년까지로 한일협정에 의한 수교부터 월드컵 공동주최의 시기로서 '상호의존적 관계'라고 볼 수 있겠다. 이상의 세 시기를 굳이 용어로 표현하자면 제1기를 식민지 지배의 '1910년 체제', 제2기를 한일협정이 바탕이 되는 '1965년 체제', 제3기를 월드컵축구 공동개최 후 전개되는 '2002년 체제'로 구분할 수 있다. 2005년 현재는 제3기의 연장선상이라고 볼 수 있다. 그러나 북핵문제와 중국·일본 간의 동북아시아 패권을 둘러싼 충돌양상 등 여러 가지 변수가 있어 양국관계가 또 한 차례의 전환기를 맞이할 수도 있는 상황이다.

해방 이후 한일 양 국민의 상호인식을 개관하면 시간적인 변화양상을 엿볼 수 있는데, 대체로 위와 같은 정치·사회적 관계와 대응을 보인다. 다양한 기준이 있을 수 있겠지만 여기서는 1988년 서울올림픽 개최와 사회주의권의 몰락이라는 세계사적 변동을 계기로 한 변화를 중시해 세 시기로 나누어 살펴보고자 한다.

한국인의 일본관

제1기(1945~1965): 해방에서 1965년까지 한일 양국은 국교가 단절된 속에서 시종일관 정치적으로 대립하였다. 미국의 중재와 알선에 따라 한일 양국과 미국을 포함한 '삼각동맹·협력체제'를 위한 노력도 있었지만, 전반적으로 양국관계는 과거에 대한 청산을 매듭짓지 못한 채 일제강점기의 연속선상에 있었으며 적대적인 상태가 지속되었다. 이 시기 한국인의 일본관은 '혐혼과 증오, 열등의식이 뒤엉킨 극히 인격적인 모습'이었으며 인식의 정상화는 요원하다고 분석되었다.[23]

제2기(1965~1989): 1965년 국교정상화 이후 정부차원에서는 '한일신시대'라는 구호가 나왔다. 1965년 이후 1970년대에는 경제교류가 활발해지면서 주로 경제면에의 관심이 많아지고 무역역조 문제가 주된 관심사로 부상하였다. 일부에서는 일본이 성공의 모델로 인식되면서 일본관에 변화가 일어났으며, 일본을 재인식하자는 논의가 일어나기 시작하였다. 1980

년대에 들어 한국의 경제성장과 함께 1988년 서울올림픽 개최와 민주화의 진전 등으로 자신감이 생기자 일본인식에도 여유가 생겼다. 일본 붐이 일어나면서 일본연구서가 많이 나왔으며, 그 주제도 일본사회와 문화에 대한 것으로 넓어지고 논조도 객관화되어 갔다. 대체로 감정적인 '반일(反日)'을 지양하는 대신 객관적인 일본인식을 해야 한다는 '지일'과 '극일론'이 강조되었다.[24] 그러나 한편 이 시기 역사교과서 문제나 일본각료들의 '망언'이 돌출하여 외교문제화되기도 하였으며, 그럴 때마다 한국인의 일본관에 영향을 미쳤다.

제3기(1990~현재): 1990년대 들어와서는 민주화와 국제화 시대를 맞아 대립보다는 아시아·태평양시대의 파트너로 한국과 일본이 공존해야 한다는 논의가 제창되었다. 일본에 대한 이해가 성숙해지는 가운데 '미래지향적 한일관계'가 제창되었고, 한일 양국은 1989년 한국의 해외여행자유화 이래 활발한 교류를 하고 있고 일본에 대한 한국의 관심도 역사문제·경제·문화 등으로 다양화되었다.

1998년 김대중 대통령과 오부치 일본 수상 간에 '한일파트너십' 선언이 있었고, 양국 정상은 과거를 딛고 21세기 새로운 미래를 향해 같이 나아가자는 데 합의하였다. 김대중 정부는 대북관계 개선과 동북아시아 평화구상이라는 외교적 목표를 위해 일본과의 협력관계가 중요하다는 점을 인식한 위에 일본대중문화 개방 등 '대일햇별정책'을 시행하였다. 그 바탕 위에 양국은 2002년 월드컵 공동개최를 이루어냈고, 동시에

이 해를 '한일 국민교류의 해'로 정해 양국간 우호협력관계를 위한 각종 이벤트를 연출하였다. 이 시기의 한국인들은 일본의 대중문화를 자신있게 수용할 수 있을 만큼 자신의 문화적 정체성에 대한 자신감을 회복하였다. 식민지시대를 경험하지 않은 '전후세대'가 사회의 주도세력으로 바뀌면서 한국은 일본에 대한 선험적인 편견과 피해의식으로부터 자유스러워졌고, 특히 월드컵공동개최와 대중문화교류는 양국민간의 정서적 거리를 대폭 축소시킨 전환점이었다.

그러나 양국관계와 상호인식 문제는 세계정세, 남북관계와 같은 변수와 양국간의 무역역조·과거사문제·역사인식 등 갈등요인이 여전히 잠복해 있어 낙관만 할 수 있는 상태는 아니다. 실제 1990년대 초 종군위안부 문제가 현안이 되자 대일인식은 바로 악화되었다. 2001년의 역사교과서 파동과 계속되는 일본수상의 야스쿠니신사 참배, 일부 정치인의 경거망동, 영토문제 제기 및 역사교과서 문제 등, 양국간에는 언제든지 상호인식의 호전을 되돌려버릴 수 있는 지뢰밭이 도처에 깔려있다는 느낌이다. 이런 예민한 문제가 현안이 되면 기존의 잠재의식이 폭발하여 화산과 같이 분출하는 사례를 흔히 볼 수 있다.

이상 한국인의 일본관은 시대에 따라 흥미 있는 변화를 보이고 있다. 특히 관심분야에 있어서 정치→경제→사회·문화로 옮아가는 현상은 자연스러우면서도 바람직한 변화라고 생각된다.

또 이 시기 한국인의 일본관의 특징은 '분열적인 복합심리'

라고 할 수 있다. 일본의 이미지는 역사적 가해자로서 증오의 대상이기도 하고, 한편 현재 경제대국으로서 배움의 대상이 되기도 한다. 대부분의 여론조사에 의하면 일본은 '싫은 나라'의 순위에서 1위이기도 하지만 '배워야 할 나라'에서도 1,2위를 차지한다. 이 양면적 갈등의식 내지 분열적인 복합심리는 근대 이래 지속되어 온 것으로, 한국인의 일본관의 현주소라고 할 수 있다.

일본인의 한국관[25]

제1기: 이 시기는 제2차세계대전 이전과 이후의 가치관이 혼재되어 있었다. 전자의 대외의식은 반영미(反英美)사상과 탈아·흥아 의식, 한국에 대한 종주국의식과 멸시·우월감으로 요약할 수 있다. 이에 비해 후자의 대외의식은 친미사상과 국제지향주의, 한국에 대한 죄책감·원죄감각이라고 할 수 있다. 그런데 전반적인 가치관은 1955년을 기점으로 전자에서 후자로 전환되어 갔지만 한국관은 변하지 않았다고 한다. 1951년의 조사에서는 한국에 대한 호감이 2%, 혐오감이 44%를 차지할 정도로 이 때는 최악의 시기였다. 1960년대 경제회복과 함께 외국에 대해 좋고 싫어하는 호오(好惡)감정이 완화되고 한국이 싫다는 염한(厭韓)감정 또한 점차 희박해졌지만, 전반적으로 1965년까지의 한국관은 식민지시대의 연속이라고 볼 수 있다.

제2기: 1970년대 일본인에게서는 한국에 대한 가해자·차별자로서의 자각과 아시아국가로서의 의식이 살아나기 시작하였다. 재일한국인에 대한 차별철폐운동 보도와 연대투쟁이 이러한 재인식의 계기가 되었다. 그 결과 이전보다는 한국관이 호전되었지만 1973년 김대중 납치사건, 언론의 반한적(反韓的)인 보도 등으로 보합세를 유지하였다. 1980년대 이후로는 전후(戰後)적 가치관이 풍화하면서 국제인식의 건전성이 약화되어 갔고 전반적으로 무관심이 주류를 이루었다. 그러나 한국의 1986년 아시안게임, 1988년 서울올림픽을 계기로 개선되어 1989년 조사에는 대한호감도가 처음으로 50%를 상회하기도 하였다. 이후 '한강의 기적', 한국의 국제지위 향상 등이 소개되었고 한국관계서의 출간과 잡지의 특집이 많아졌다. 1986년부터 1989년까지 일어난 이러한 현상을 '한국 붐'이라고도 한다. 전반적으로 한국과 한국인에 친근감을 느끼는 비율도 증가하였고, 정부차원의 공식사과도 있었다. 또 관심분야도 정치·경제에서 한국인의 생활·문화·역사 등으로 다양화하였다.

제3기: 순조롭게 호전되던 한국관이 1990년대에 들어 조금씩 악화되는 현상이 나타났다. 종군위안부와 과거사에 대한 사과문제를 둘러싸고 논쟁이 거듭되는 사이 염한론이 나오고 한국비판서가 출현하였다. 이와 같은 현상은 1984년부터 1991년까지 반복되는 사죄에 대한 한국 측의 불수용과 강한 반일감정이 알려지면서 나온 반발의 표현이라고 볼 수 있다. 냉전체제 붕괴 이후 양국 내에서 민족주의가 고양되고, 공통적 이익이 줄어든 대신 경쟁관계가 부각되었다는 점도 한 요인으로 작용하였다고 여겨진다. 한일 양국 모두 새로운 상황 속에 어떻게 적응해 나가느냐 하는 전환기를 맞이하고 있는 셈이다.

2002년 월드컵 공동개최를 계기로 특히 젊은 세대의 한국관이 크게 호전되었다. 또 대중문화교류의 확대에 따라 일본 내에서는 한국의 대중문화에 대해 관심을 가지게 되었고, 일부계층을 중심으로 이상할 정도의 붐을 일으키고 있다. 이른바 '한류(韓流)열풍'이다. 이 현상의 요인과 성격 및 지속가능성 여부에 관해 현재 다양한 전망이 제기되고 있다. 필자는 무엇보다 이를 계기로 일본인이 식민지시대 이후의 멸시감에서 벗어나 대등한 이웃으로 한국을 인식하고 교류하려고 한다는 점에 주목한다. 그 면에서 한일관계는 비로소 '정상화'되었다고 할 수 있다.

21세기에 들어와 '한류'가 성행하는 등 저변으로부터의 변화가 시작되고 있으나 아직도 대세는 아니라고 여겨진다. 일본의 주류사회에서 여전히 남아있는 한국관의 특징으로 '우월감에 바탕을 둔 멸시관'과 '무관심'을 들 수 있다고 생각되는데 이것을 조금 검토해 볼 필요성이 있다.

대한멸시관은 근대 이래의 '후진소국관(後進小國觀)'과 식민지시대의 우월감이 결합된 것으로 아직 일본인의 의식 밑바닥에 뿌리 깊게 남아 있다고 보인다. 하타다 다카시[旗田巍] 교수는 식민지지배로 인해 배태된 일본인의 한국관의 특색을 i) 한국인을 독자적인 민족으로 보지 않는 의식 ii) 한국의 식민지 지배에 대한 죄악감과 책임감의 결핍 iii) 한국인에 대한 우월감과 멸시감의 세 가지로 정리한 바 있다.[26] 이와 같은 한국관은 정도의 차이는 있지만 보수주의자나 진보주의자를 막론하고 의식의 심층에 공통적으로 깔려 있었다. 전후 일부에서는 자체적 비판도 있었지만 근본적인 문제에 대한 반성은 찾아볼 수 없었다.[27] 일본인들의 이러한 한국관이 부당하고 건강하지 못함은 새삼 말할 필요도 없다.

　다음으로 전후 한국관의 주류라고 말해지는 무관심의 문제이다. 그 원인은 전후 오로지 미국과 서구를 지향하였던 일본의 정책[28]과 한국문제에 말려들기 싫어하는 분위기 등에서 찾아볼수 있다. 그러나 이것은 오만과 무책임성이 복합된 것이며 또한 역사적 책임으로부터 의도적으로 회피하는 것으로 보인다. 한편으로는 힘의 강함과 약함에 대한 일본인의 독특한 심리구조의 표현이기도 하고, 도피 내지 자기기만일 수도 있다. 식민지 시대에 관한 역사교육을 방기한 결과 전후세대의 한국관도 무지와 무관심에서 벗어나지 못하고 있는데 이 점에서 일본의 지식인들은 이 '무관심의 불건전성'을 자각해야 할 것이다.

양국간 상호인식의 특성

이상 한일 양국인의 상호인식에 대한 역사적 전개양상을 살펴보았는데, 공통적인 현상으로서 몇 가지 특성을 찾아볼 수 있을 것 같다.

첫째, '해바라기성 주변문화의 갈등양상'이다. 문화에는 중심을 향하는 해바라기적 속성이 있는데 한국과 일본의 상호인식의 전개과정을 보면 누가 더 문화의 중심부에 가깝게 있느냐 하는 문제로 우위를 다투는 현상을 찾아 볼 수 있다. 문화의 중심이 중국에 있었던 전근대시기에는 한국이 중국에 더 가까웠던 만큼 '소중화'로서 일본을 문화적으로 변방·야만시하였다. 변경에 처했던 일본은 19세기 중반 새로운 서구문명이 밀려오자 주변성에서 탈피하여 중심으로 나아갔다. 국제질서와 문화의 중심이 서양으로 옮겨졌다는 것이 확인되자 일본은 과감하게 아시아를 벗어났으며, 그 새로운 관점에 서서 조선을 미개·야만시하였다. 문명관과 상호인식에 큰 역전이 이루어진 것이다.

변경의식의 또 하나의 특징은 서로 상대방의 중심성을 인정해주지 않고 아류로 멸시하는 경향이 있다는 점이다. 일본은 전근대시기 한반도로부터 문물을 수용하였으면서도 중국문화의 아류로 취급하였고, 근대 이후에는 한국이 일본으로부터 문화를 수용하였으면서도 그것을 서구문화의 아류라고 하면서 높이 평가하지 않았다.

둘째, 상대에 대한 인식이 우월감 속의 열등, 열등감 속의 우월이라는 분열적 양상을 띠고 있다는 점이다. 근대 이전까지는 한국의 문화선진·전수의식과 일본의 무력우위의식의 대립이라는 양상을 보였다. 이 시기의 일본은 문화열등과 군사우월이라는 복합감정을 지니고 있었다. 그런데 근대 이후에는 대세가 역전되었다. 이 시기의 한국은 일본에 대해 전통적인 문화우월감·적대감과 군사강국·근대선진국이라는 현실 사이에서 자기분열을 느끼지 않을 수 없었다. 이러한 분열적인 복합심리 속에서 양국은 모두 열등감을 부자연스러운 자존자대(自尊自大)로 표현하였고, 그것을 통해 감정적인 위안을 얻고자 하는 경향을 드러내기도 하였다.

셋째, '근친증오' 현상이다. 한국과 일본은 지리적으로 가까울 뿐만 아니라 고대 이래 인종과 문화적 요소에 있어서 공통적 요소가 많다. 그러다가 긴 세월의 역사적 경험과 환경적 조건에 의해 이질적인 의식과 가치를 가지게 되었고 접촉과정에서 갈등과 대립이 생기게 되었다. 양국은 크게 보아 대동소이(大同小異)하다고도 할 수 있겠는데 양국은 '대동'보다는 '소이'에 집착하면서 상호멸시관을 가지고 있었다. 양국 모두 상대방에 대해 인정해주지 않고 평가에 아주 인색한 것도 공통적이다. 이는 '근친성(近親性)'이 요인일 수도 있고 기본적으로 라이벌의식의 소산이라고 보인다. 사실 근친증오현상은 한일양국만의 독특한 것은 아니다.[29]

한편 양국민간의 상호혐오 내지 증오가 지속되고 증폭되는 현상의 요인으로는 거울효과(mirror effect)라는 측면이 있다. 거울효과란 한 쪽의 적대감정이나 무시 등의 현상이 다른 쪽에 전달되거나 알려질 경우 그에 대응하는 형태의 반응이 나와 상호인식상의 갈등이 악순환, 증폭되어가는 현상을 말한다. 한국 내의 반일감정이 일본에 알려지면서 염한론 내지 혐한론이 제기되고 일반국민에게 확산되어 가는 것을 말한다. 한일양국간에는 이와 같은 현상이 반복되어 온 측면이 없지 않으며 특히 매스컴에 의해 증폭되는 경향이 있다.

넷째, 자민족중심주의(ethnocentrism) 현상을 들 수 있다. 이 점은 양국 모두 변방문화의식에서 탈피하려는 시도의 일환이라고 보인다. 고대의 대립양상으로는 한국의 일본이적관(日本夷狄觀)과 일본의 조선번국관을 들 수 있다. 한국에서는 고대부터 조선중심의 화이관에 입각해 일본을 오랑캐로 설정하였다.

타자인식의 한 상징은 대상에 대한 호칭이다. 고대 일본의 민족명이자 국명이었던 '왜'라는 호칭은 그대로 정착되었고,

고대 이래 지속된 '왜구'에 의해 이러한 인식은 고착되어 갔다. 조선시대 한국인들 또한 일본을 '왜'로 표상화하였다. 공식적인 외교문서에는 '일본'으로 표기했지만, 통상 '왜' '왜국' '왜인'으로 부르는 것이 일반적이었다. '왜'는 문화의 저열성과 야만성을 상징화하는 코드였던 것이다.

한편 일본의 조선번국관 내지 '서번의식(西藩意識)'은 신공왕후의 '삼한정벌' 이래 한반도의 국가인 신라·백제·임라가 일본에 복종·조공하였다고 믿는 인식이다. 이는 이른바 '일본서기적 사관'으로서, 일본인의 한국관의 원형이라고 할 수 있다. 이러한 인식은 고대 이래 뿌리 깊게 각인되어 중세를 거쳐 에도시대에도 연면히 전승되었다.[30]

전자의 구도 하에서 일본은 이적(夷狄)으로 자리매김되었으며, 후자의 인식 하에서 조선은 '서쪽의 번국'으로 설정되었다. 또 조선후기에 체계화된 '조선중화주의(朝鮮中華主義)'[31]와 에도시대에 확립된 '일본형화이관(日本型華夷觀)'[32]의 대립양상도 좋은 보기이다. 민족주의는 불가피한 것이지만 대외적 분쟁과 대내적 경직화를 초래한 역사적 사례가 많다. 하물며 독선과 배타성을 지닌 자민족중심주의는 말할 것도 없다.

한일 양국에서 논의되는 세계화, 국제화의 구호 속에는 민족주의의 세계적 확장이라는 의미가 내포되어 있다. 물론 이것은 일정 부분에서는 필요한 측면이기도 하지만 '신민족주의'와 세계화라는 과제를 어떻게 조화해 나가느냐 하는 것이 양국 모두에게 걸려 있는 과제이다.

한일관계의 전망과 제언

낙관적 요소

활발한 상호교류

양국 정부간의 정치·경제적 교류만이 아니라 민간교류와 여행을 통한 접촉이 아주 많아졌다. 2004년 통계를 보면 한국에 오는 일본인이 한 해 250만 명이고, 일본에 가는 한국인이 150여만 명이라고 한다. 연간 400만 명이 양국을 왕래하는 것이다. 일본에 간 한국인 유학생의 수도 통산 10만 명을 넘어섰으며 한국에 오는 일본인 유학생도 꾸준히 증가하고 있다.

특히 1998년 한일신시대선언 및 한일국민교류의 해 제정, 이후 4차례에 걸친 단계적인 일본대중문화 개방조치에 의해 양국민의 문화교류는 다양한 형태로 활발하게 진행되고 있다. 그래서 근년에는 일본에서 한국의 대중문화에 대한 '한류 붐'이 일어나고, 한국에서도 일본의 대중문화를 선호하는 청소년 세대의 '일본필(Japan feel)'이 한 흐름을 형성하고 있다.

이러한 교류를 통해 서로에 대한 새로운 인식과 이해가 증진될 것은 확실하다. 일반적으로 직접적인 체험에 의해 선험적인 편견을 시정한 사례는 많다. 상대방에 대한 지식과 정보량의 확대는 객관적인 상호인식을 심화시키고 나아가 이해를 가능케 하는 데 도움을 준다. 따라서 한국과 일본의 양국민은 현재 상대에 대한 무지와 불신에서 오는 애증증후군(love-hate syndrome)의 상태에서 벗어나고 있다고 해도 좋을 것이다.

세대교체

현재 한일 양국은 모두 식민지시대를 경험하지 않은 전후 세대들이 인구구성상 압도적 비중을 차지하고 있고 사회의 중추세력으로 성장하였다. 이들은 원천적인 멍에에서 벗어날 수 있고 전전세대에 비해 개방적이다. 한국의 경우 대일관을 세대별로 보면 식민지 체험세대는 피해의식이 강하고 반일교육을 받고 자란 장년층의 경우 반일의식이 더 강한 반면, 청소년층은 열등감이나 피해의식이 없으며 유연하고 진취적이다. 이들에게는 역사와 현재, 미래의 분리라는 인식이 일반화되고 있는데, 이러한 경향은 더 강화될 것이다. 그러나 한편으로는 미래지향성이 두드러지는 대신 역사의식은 약화되어간다는

51

지적도 있다. 특히 과거역사에 대한 일본 전후세대의 의식이 희박해지는 것은 한국과 달리 우려의 대상이 되기도 한다.

일본연구에 있어서도 식민지 경험세대가 학문적 분석보다 도덕적 비판과 이념적 성격이 더 강했던 반면, 1980년대 이후 연구를 주도하는 전후세대들은 이전세대들의 체험과 도덕적 기준의 중시보다는 사회과학적 분석의 경향을 나타내고 있다. 이것은 긍정적인 변화라 할 수 있고, 그 연구의 수준도 깊어지고 있다.[33]

지식과 이해의 증가

한일관계사를 보면 서로에 대한 정보가 부족하고 무지한 상태 속에서 상호인식의 괴리가 생기고 그럴 때마다 불행한 사태가 발생하였음을 알 수 있다. 일본의 경우 국제정세에 대한 무지와 오판의 결과 16세기 말과 20세기 전반기에 무모한 국제전쟁을 도발하였고, 한국은 같은 시기에 일본의 침략을 받았다. 또 임진왜란이나 근대 식민지지배를 받은 이후에도 한국인의 일본인식은 감정적 대응이나 일본이적관 같은 심리적 자족감에 안주하려는 경향을 보여 왔고, 일본에 대한 객관적이고 냉철한 연구나 대응에는 소홀하였다. 이런 측면에서 볼 때 양국간의 건전한 관계정립을 위해서는 일차적으로 상대국에 대한 정보와 사실인식이 선행되어야 할 것이다. 인식문제는 지식의 정도와 연관관계가 있다. 한국의 경우 지식인에 비해 일반인들의 일본관은 일제강점기적 인식에 바탕하고 있으며 감정적이다.

한국의 일본연구 내지 이해수준을 시기별로 살펴보면, 1965년 국교정상화 이후 '지일(知日)'의 당위성이 일반화되었다. 1970년대 경제기술 분야를 중심으로 일본연구가 진행되었고 본격적인 연구는 1980년대부터 전개되었다. 1982년 역사교과서사건 이후에는 '지일→극일' 등의 논리가 제시되기도 하였고, 1990년대에 들어서는 그간의 긍정·부정론을 종합하여 일본이 한국의 발전모델이 될 수 있느냐 없느냐 하는 논쟁이 진행되었다.

일본의 한국연구를 보면 국민일반은 무관심하다 하더라도 근대 이래 한국연구에 대한 축적이 있어 전문가 수준에서는 한국보다 앞서 있다고 보인다. 역사학 분야만을 보면, 식민사학의 내용은 방대하며 당시로서는 정치(精緻)한바 있었다. 근년에는 한일 양국관계가 아니라 아시아라는 넓은 지역 속에서 다자관계의 일환으로 파악하고자 하는 작업이 성행하고 있다. 1980년대 후반에 한국 붐이라 일컫는 경향이 일어나기는 했지만 다른 분야에 비하여 한국연구는 상대적으로 취약한 편이다. 또 근년에는 일본의 한국연구가 저널리즘과 정책연구의 형태를 띠고 있는 경향이 많은 것 같다. 따라서 한일 양국은 보다 넓은 자료와 정보 교환, 그리고 심층적인 학술교류가 요청된다고 하겠다.

양국관계의 발전과 인식의 변화

앞에서 살펴본 것처럼 국교정상화 이후 양국관계는 순조롭게 발전해 왔다. 양국민간에 문화심리적인 갈등이 계속되고 있지만 전반적으로 보면 상호인식도 호전되었다. 1980년대 이후 경쟁의식이나 경계의식이 강화되기도 하였지만 멸시관보다는 훨씬 건전한 것이다. 한국으로서는 자신감의 회복에 따라 대일관에도 여유와 냉정을 되찾고 있다. 일본도 전후 자유민주체제와 민주교육으로 시민계층이 성장하였고, 경제적 발전에 따라 사회의식이 점진적으로 성숙해 왔다. 1993년 8월 한국의 외무부장관은 피해자의식에서 벗어나 동반자의식을 가지자고 선언하였다. 또 김영삼 대통령은 종군위안부 문제에 대해 정부차원의 보상을 요구하지 않겠다고 하였다. 이에 대해 일본의 미야자와[宮澤喜一] 수상은 정부차원의 과오를 인정하였고, 호소카와[細川護熙] 수상은 태평양전쟁을 '침략전쟁'으로 규정하면서 사과하였다. 이러한 분위기는 그 후에도 무라야마[村山富市] 수상의 진솔한 사과와 김대중 대통령과 오부치 수상 간의 한일파트너십 선언으로 이어졌다. 이러한 과정은 모두 이전보다 성숙된 자세였고, 양국의 내정개혁에 의해 가능한 일이기도 하였다.

비관적 요소

'과거'에 대한 인식의 심각한 격차

일본인이 과거 침략과 식민지지배에 대한 책임의식과 반성이 부족하다는 것은 많은 사람들로부터 지적되어 온 바다. 그로 인해 경제대국임에도 불구하고 세계로부터 정치적 지도성을 인정받지 못하고 있으며, 아시아인들로부터는 심각한 불신을 받고 있는 형편이다. "일본은 아시아에서 리더십을 갖기는커녕 고립되어 있다"는 어느 일본인 학자의 말이 결코 과장만은 아니다.[34]

현재 막바지에 다다른 듯한 태평양전쟁에 관한 역사관 논쟁을 보면 임진왜란 후 도요토미 히데요시에 대한 평가가 바뀐 과정과 아주 유사한 점이 있다는 것을 발견하게 된다. 도쿠가와시대의 부정적 평가를 점차 극복하면서 메이지유신 후 결국 완전 복권하게 되는 도요토미의 조선침략, 그러한 역사의식의 변화가 초래한 근대 이후의 한일관계를 생각해 볼 때 앞으로의 역사전개가 실로 우려되지 않을 수 없다.

민족주의의 강화현상

1980년대 말 동구사회주의권의 붕괴에 따른 냉전체제의 종언과 함께 보편적 이념이 퇴조하는 대신 민족주의가 기승을 부리는 것은 세계적인 현상이다. 한국과 일본 간에도 종전의 이념·안보적 연대가 엷어지고 국가이익이 부각되는 경쟁관계로 바뀌고 있다. 사실 지금까지 안보공동체라는 의식은 1965년 국교정상화 이래 한일유대의 핵심적 요소였다. 이른바 지한파와 친한파를 자처하던 보수파 인사들이 국회에서의 사죄

및 부전결의 반대에 앞장서는 이유는 종래까지의 유착구조와 신식민지적인 불평등구조가 깨어지는 데 대한 초조감의 발로라는 측면 외에도 냉전체제 하에서의 공동적인 안보목표와 이해가 없어진 데 따른 것일 수 있다. 이와 함께 일본의『추한 한국인』과 한국의『일본은 없다』류의, 각기 상대방을 무시하고 헐뜯는 책이 양국에서 베스트셀러가 되는 현상이 나타나기도 하였다. 이는 양국민들이 '반일론'과 '혐한론'이라는 정서로부터 해방되지 못했다는 것을 보여주는 것이다.

한국은 20세기 전반기에 국권을 상실한 채 온전한 근대민족국가를 건설하지 못하였고 민족적 정체성에 많은 손상을 입었던 만큼, 해방 후 20세기 후반기에는 남북한에서 모두 민족주의가 크게 고조되었다. 세계화와 함께 탈민족주의적 담론이 성행하고 있지만 통일이라는 민족적 과제의 수행을 위해서도 민족주의는 여전히 일정한 타당성과 효용성을 지니고 있다.

한편 일본에서도 냉전체제의 해체와 함께 1990년대 거품경제의 붕괴 이래 '잃어버린 10년'으로 일컬어지는 장기간의 경제불황으로 인해 보수우경화현상이 두드러진다. 한때 집권자민당의 견제세력으로 제2당이었던 사회당이 참혹하게 몰락하였으며, 자민당 안에서도 평화헌법의 개정을 주장하는 보수파의 목소리가 점차 높이 들린다. 그러한 흐름을 견제하려는 지식인과 시민단체가 없지 않지만, 현재상황으로 보면 보편·국제·양심을 대변하는 세력이 약화되어 보수우익그룹의 치달음을 막을 지렛대가 없어진 느낌이 들기도 한다.

경제부문의 마찰관계 심화와 무역역조 문제

1965년 수교 이후 양국간의 경제교류는 협력차관, 무역증대, 기술교류 등 다양한 형태로 진행되어 왔다. 한국은 일본을 경제발전의 모델로 삼았고, 경쟁자에서 동반자관계로 발전시켜 오면서 현재는 자유무역협정(FTA)의 체결을 눈앞에 두고 있는 상황이다. 그러나 양국간의 경제관계에 있어 심각한 무역역조와 예속화의 심화에 따른 한국인의 우려와 불만은 끊임없이 제기되고 있다. 1965년 이후의 경제협력에 대해서도 일본이 '주었다'라는 수혜자의식을 가지고 있는 데 비해 한국인은 '당했다'라고 인식해 그 시각차가 크다. 「한일 21세기위원회 최종보고서」에 의하면 경제협력의 결과에 대해 한국인은 84%가 '일본이 득을 보았다'라고 한 것에 비해 '한국이 득이다'는 3%에 지나지 않았다. 이에 비해 일본인의 인식은 '일본이 득'이 32%, '양국 모두 득'이 31%, '한국이 득'이 17% 등으로 나와 있다. 일본인이 보다 객관적이라고 해야하는 것인지는 모르겠으나, 실상이 어떠하든 한국인들의 '당했다'라는 의식은 아주 강하다.

제2차세계대전 이후 일본의 발전에 대해서도 한국인들은 한국전쟁이라는 희생이 그 바탕이 되었다고 인식하고 있다. 1950년 한국전쟁이 발발하자 당시 일본의 요시다[吉田茂] 수상이 "가미카제[神風]35)가 다시 왔다. 이제 일본의 전후(戰後)는 끝났다"고 환호했다는 일화가 한국인들에게는 널리 알려져 있다. 한편 일본도 1980년대 이후 일부 분야에서 한국이 경쟁관계로 바뀌자 부메랑효과를 두려워하면서 협력과 기술이전에 소극적으로 변하였다. 공정하게 보면 한일경제협력은 서로의 필요가 합치된 '공생관계'라고 할 수 있을 것이며, 양국은 각각 상대국의 경제발전에 실질적인 공헌을 해왔다고 할 수 있을 것이다.

일본의 보수우경화 현상

일본근대사를 보면 국가진로에 중대한 갈림길이 된 예가 두 번 있었는데, 개국(開國) 전후의 1850년대와 1920년대 다이쇼시대의 국가진로 논쟁이 그것이다. 두 번 다 10여 년간의 논쟁을 벌인 끝에 앞에서는 메이지유신이라는 절대군주체제에 의한 근대화노선을 선택하였고, 후에는 국가주의노선을 따라 군국주의와 전쟁의 길을 걸었다. 현재는 세계체제의 전환기를 맞아 국가진로를 모색하는 세 번째의 과도기로 보인다. 최근 붐을 이루고 있는 일본개조론이나 '보통국가론', 재무장론, 교전권을 부정한 평화헌법 9조의 개정을 추진하는 움직임 등은 그러한 모색과 실험이 벌어지고 있음을 의미하는 현상이다. 21세기를 맞는 일본의 이런 국가전략을 보면 향후 팽창주의적 노선으로 나갈 전망이 우세하다.[36]

최근 일본의 우경화 요인을 살펴보면, 다음과 같다. 10여 년간에 걸친 경제불황이 그 첫째로, 이로 인한 자신감 상실과 사회내부의 모순이 민족주의의 강화로 나타나고 있다. 둘째, 중국의 급격한 성장에 따른 불안감과 위기의식이다. 즉, 중국과의 사이에서 동아시아에서의 주도권 쟁탈전이 벌어질 것에 대비해 '강한 일본'을 추구하려는 방향으로 나가려는 것이다. 셋째는 전쟁주도세력의 미청산이다. 일본에서는 태평양전쟁을 일으킨 세력이 전후에도 교체되지 않아 지금까지도 집권자민당의 주류를 형성하고 있다. 특히 현 고이즈미내각의 주류는 전쟁주도세력의 후손들로서 우경화를 주도하고 있다. 이들은 침략전쟁과 식민지 지배를 정당화하고 그것을 오히려 영광의 역사로 미화하면서 전혀 반성하지 않는다. 네 번째 요인으로 들 수 있는 것은 역사교육의 소홀과 함께 전후세대의 무책임과 부채의식의 결여다.

일본의 우경화는 현재완료형 내지 그 직전의 단계에 있다고 보인다. 재무장과 교전권을 금지한 평화헌법 9조와 교육기본법의 개정이 이루어지면 '군사대국화'의 길에 방패막이 없어지는 것과도 마찬가지다. 그들은 이것을 '장애국가(handicap state)'에서 '보통국가(nomal state)'로 전환하기 위한 움직임이라고 한다. 그러나 이 때의 '장애'는 군사력을 사용하지 못하는 것이 아니라 사고 및 역사의식에서의 보편성이 결여된 장애라고 인식해야만 일본은 주변국과 국제사회의 인정을 받을 수 있을 것이다. 최근 일본의 보수파와 우익들의 구호와 행동, 지금까지 진행되는 현상을 아시아인, 특히 한국인들은 우려의 눈으로 지켜보고 있다.

이상 한일관계의 현재에 있어서 낙관적 요소와 비관적 요소를 살펴보았다. 장래에 대한 전망은 낙관과 비관이 각각 절반씩을 차지하고 있다. 현재의 상호인식은 수천 년간에 걸친 집단적 체험의 산물이요, 역사의 결과이기 때문에 양국민간의 친근감을 조성하기 위해서는 많은 노력이 요구될 것이다. 그러나 낙관적 요소를 늘리고 비관적 요소를 줄이는 방향으로 나아가야 하는 것만은 자명하다. 이를 꾸준히 실천해 나가는 것 외에는 한일관계를 위한 별다른 특효적인 처방이 있을 것 같지 않다.

제언

여기에서는 한일관계에 대한 필자의 제언을 크게 정부차원, 민간차원, 개인차원의 3가지 방향으로 나누어 보고자 한다. 단 본서에서는 정치·경제적인 측면 못지않게 양국민간의 상호이해를 구축하는 것이 중요하다고 생각되기 때문에 주로 인식문제에 중점을 두어 논하고자 한다.

정부차원의 대책
과거청산 문제
해방 이후 한일관계는 '역사문제'에 의하여 좌우되어 왔다고 해도 과언이 아닐 정도로 양국관계에서 과거청산의 문제는 주요 관건이다.

일본은 과거사 청산에 있어서 같은 처지의 독일에 비해 매우 미흡하다고 지적받아왔다. 때문에 지금도 주변국가들로부터 조직적 연대투쟁의 대상이 되고 있으며 국제연합(UN)으로부터 권고도 받고 있다. 이 문제에 관한 독일과 일본의 차이점을 간단히 살펴보자.

첫째, 전쟁범죄자 처리문제이다. 일본의 경우에는 1946년 열린 도쿄재판(東京裁判: 정식명칭은 극동국제군사재판)에서 전범(戰犯) 7인이 교수형을 당한 것 외에는 전범처리가 없었다. 또한 일본인 스스로의 손으로는 한 사람도 처벌하지 않았으며 전쟁책임을 추급한 사실이 없었고, 전쟁의 실질적 최고책임자인 천황은 책임에서 제외되었다. 심지어 개전(開戰)시의 내각 각료로서 A급 전범으로 판정받았던 기시 노부스케[岸信介]는 후일(1957~1960) 수상이 되었다.[37] 이 사람뿐만 아니라 전시 중의 지도자나 그 후예들이 전후 일본의 중추를 담당하고 있음은 널리 알려진 사실이다. 예컨대 현 자민당 간사장대리이며 가장 유력한 차기 총리후보로 각광받는 아베 신조[安倍晋三]는 기시 노부스케의 외손자이며, 또 고이즈미 내각의 관방장관인 후쿠다 야스오[福田康夫]는 기시 노부스케의 맥을 이은 후쿠다 다케오[福田赳夫] 전 수상의 아들이다. 고이즈미 준이치로 수상은 방위청장관을 지낸 고이즈미 준야[小泉純也]의 아들로서 아버지의 유언에 따라 후쿠다 다케오의 비서로 정치에 입문하였다. 또한, 국가로서의 기미가요[君が代]: 천황의 만세를 기원하는 내용의 노래)와 국기로서의 히노마루[日の丸]의 부활을 추진하며 "창씨개명은 조선인이 원해서 한 것"이라는 발언을 했던 아소 타로[麻生太郎]는 전후 5회에 걸쳐 수상을 역임했던 요시다 시게루의 외손자이다. 요컨대 전후의 일본은 전전(戰前)의 연속선상 위에 있다고 할 수 있는 것이다. 따라서 전후 정치·군부·지식인 세계를 망라하고 일본 지배세력의 철저한 반성은 그간 없었다고 보는 것이 타당하다. 물론 일부 정당과 지식인들의 비판과 자체 반성은 있었지만 전체적으로 보았을 때 이들은 소수이고 비주류였다.

독일의 경우는 뉘른베르크(Nuernberg)전범재판 외에 스스로 30여 년 동안 9만 명을 기소하고 6천 명을 유죄로 판결하였다. 1979년에는 나치범죄에 관한 시효를 없애 다시는 그와 같은 범죄를 반복하지 않겠다는 결의를 나타내었으니 일본과는 너무 대조적인 모습이라 아니할 수 없다.

둘째, 사죄문제이다. 독일은 과거와의 단절과 청산이 분명한 반면, 일본은 애매하다. 독일은 1970년 빌리 브란트(Willy Brandt) 수상이 폴란드 바르샤바의 유태인 위령비 앞에서 비를 맞으며 무릎을 꿇고 사죄하였다. 1985년 바이츠제크(L. von Weizsacker)대통령은 「황야의 40년」이란 역사적인 연설에서 "과거에 눈을 감는 것은 결국 현재에 맹목(盲目)이 된다"라고 하면서 독일인 전체의 전쟁책임을 정식화하였다. 같은 해 일본의 나카소네[中曾根康弘] 수상은 '전후정치(戰後政治)의 총결산'을 내세우며 7인의 전범이 합사(合祀)되어 있는 야스쿠니신사를 공식 참배하는 등, 제2차세계대전 후 일본의 정치가들은 전쟁에 대한 책임을 인정하지 않았다. 1970년대 이후에도 사과인지 아닌지

불분명한 말로 대신하였고, 그러한 애매성은 국민전체의 인식으로 확산되었다. 그러나 불분명하고 애매한 말들은 은폐기도에 대한 피해자들의 의혹과 피해의식만을 자극할 뿐이다. 또한 사과에 수반되는 구체적인 실행도 이루어지지 않았을 뿐아니라 그나마 공식사과 후 각료를 비롯한 주요정치인들이 그것과는 상반되는 망언을 하는 사례가 많았다. 이것은 사과를 무효화하는 것이며, 그렇기 때문에 한국국민으로서는 우롱당하는 듯한 느낌을 가지지 않을 수 없는 것이다.

셋째, 보상 문제이다. 일본은 국가보상 중심이고 독일은 개인보상 중심이라는 형태적인 차이는 있지만 보상총액에서 보면 독일이 일본의 거의 10배에 달한다.

사과와 청산이 '국가이익'에 반하는 것인지 아닌지에 대해서도 양국의 결과를 비교해 보아야 할 필요가 있다.

제2차세계대전 시 일본보다 더 잔혹하였고 따라서 더 많은 책임을 저야할 독일은 현재 징병제도 하에 군대를 가지고 있고, 군사비용은 GNP의 2.4%를 넘어섰다. 그러나 피해자였던 서구국가들은 이를 비난하거나 의구심을 표시하지 않고 오히려 역할증대를 독일에 요청한다. 이에 반해 일본은 근린제국으로부터 사사건건 의심과 경고를 받고 있다. 같은 처지이면서 왜 이런 차이가 날까? 독일은 침략에 대해서 충분히 반성하고 다시는 재발하지 않을 것이라는 신뢰감을 얻었다. 이런 면에서 일본은 국민과 나라, 나아가 아시아 전체의 성숙을 위해서 무엇이 필요한지를 진지하게 성찰해야 할 것이다.

재일한국인 문제

재일한국인의 인구변동을 보면 한일합병 이전인 1909년 790명이었던 것이 1945년에는 210만 명으로 늘어났다. 두말할 것도 없이 재일한국인은 식민지지배의 산물이다.

식민지시대 한국인의 일본으로의 유입과정은 두 시기로 나누어 볼 수 있다. 제1기는 1910년에서 1938년까지로 80만 명의 몰락농민층이 도일한 시기이고, 제2기는 1939년부터 1945년까지로 강제연행에 의해 100만 명 이상의 노동자들이 유입된 시기이다. 해방이 되자 1946년 3월까지 8개월 만에 이들중 140만여 명이 귀국하였고, 60만 명이 남았는데,[38] 이것이 현재 재일한국인의 원점이다. 이들은 1952년 4월 일본국적을 일방적으로 박탈당하였다가 1965년의 한일기본조약에 의해 비로소 법적지위가 보장되었다. 이 조약의 부속협정인 「일본에 거주하는 대한민국국민의 법적지위 및 대우에 관한 협정」에는 이들이 '일본사회와 특별한 관계를 지니고 있다는 점을 고려해 안정된 생활을 영위할 수 있게' 일본정부가 협조하도록 되어 있다. 또한 1991년 1월에는 3세 이후의 한국인에게 영주자격을 인정하고 이들에 대해서는 지문날인제를 폐지하며 지방자치단체의 판단에 따라 '민족교육'을 용인하고 교원과 지방공무원으로 채용될 수 있도록 하였으니, 이것은 1965년의 협정보다 개선된 셈이다. 그러나 재일한국인들은 아직도 여러 가지 면에서 차별을 받고 있으며, 일본인권의 사각지대 가운데에 있다. 재일한국인은 일본정부의 자의적 판단에 따라

때로는 외국인으로, 때로는 일본인으로 취급되어 왔고, 의무는 100% 실천하지만 권리는 50%정도밖에 얻지 못하고 있다.

재일한국인 사회에도 세대교체가 되면서 귀화가 증대하고 정주화(定住化) 경향이 일반화되는 등 큰 변화가 일어나고 있다. 그들은 일본에 정착하여 살기를 원하면서도 민족성을 유지하면서 살아가기를 희망하고 있다. 일본이 1979년에 가입한 국제인권규약에는 내외인평등(內外人平等) 원칙과 노동권과 생계권의 보장, 소수민족의 문화적 자결권 등이 명시되어 있다. 그런데 일본정부가 이를 어느 정도 실천하고 있는가는 아직 의심스럽다. 또 현재 일본정부의 귀화정책은 '일본단일민족국가'의 이념 하에 귀화자를 일본인화시키는 것이기 때문에, 이 점에서 미국과 같은 다민족적 복합국가에서 시민권을 취득하는 것과는 근본적인 차이가 있다.

재일한국인에 대한 일본의 정책은 바람직한 한일관계의 시금석이자 리트머스시험지이다. 이 문제는 한국인에 있어 식민지적 유산의 청산과 전후처리의 상징처럼 인식되고 있고, 이제는 또한 일본자신의 문제이기도 하다. 즉, 복합시민사회와 공생해갈 수 있느냐 하는 과제로서 일본의 '내면적인 국제화'의 바로미터라 할 수 있는 것이다. 일본정부는 스스로의 책임 하에 차별을 철폐하고 동시에 허구적인 단일민족국가론에 바탕을 둔 민족성 말살적인 동화정책을 버려야 할 것이다. 서로의 차이점을 인정하고 존중해주는 가운데 연대하는 '화이부동(和而不同)'이 무리한 동화정책을 써서 화목을 해치고 서로 불행해지는 '동이불화(同而不和)'보다 나을 것임은 두말할 필요가 없다. 이런 점에서 일본은 캐나다정부가 시행하는 다문화주의정책을 벤치마킹할 필요가 있다고 여겨진다.

역사교육과 교과서 문제

한국인의 일본관을 전환시키는 데 가장 중요한 요소는 역사문제에 대한 자세와 공동인식이다. 역사인식에 관해서는 다음 절에서 언급하기로 하고 여기서는 역사교육에 대한 정책적인 문제에 대해서 살펴보겠다.

독일의 예를 한번 더 들어보자. 1994년 헤르초크(Roman Herzog) 대통령은 폴란드국민 앞에서 한 연설에서 "상호이해란 역사를 같은 방향에서 볼 때만 자랄 수 있다. 아무 것도 덧붙이지 않고, 아무 것도 지우지 않고"라고 하였다. 그 직후 그는 나치스의 범죄를 전시한 '역사의 집'을 세워 차세대를 위한 역사교육의 장으로 만들었다. 올해 5월 10일에는 독일 수도인 베를린 시내 한복판에 나치에 희생된 600만 유대인을 기리는 2,711개의 추모비를 세우고 공개하였다. 또한 독일 외무부 내 복도에는 1970년 빌리 브란트 총리가 유대인 강제수용소 기념비 앞에서 무릎을 꿇고 있는 역사적인 사진이 걸려 있다.

역사교과서 문제에 있어서도 독일은 가장 반대의 입장에 서 있었던 폴란드와 1951년 역사교과서연구소를 설립한 후 1972년에는 협의를 도출해 내었으며, 1977년에는 20권의 연구서를 출간하였다. 양국의 학자들은 안이한 타협이 아니라

'역사적 진실의 발견'에 단결하였다 한다.

반면 1982년의 일본 역사교과서 왜곡문제는 동아시아를 뒤흔들었던 사건이었으며 외교문제로 비화되기까지 하였다. 아시아 각국은 일본의 '역사왜곡'에 분노하였으며, 이 사건 후 한국에서는 국민들의 성금으로 독립기념관이 건립되었다. 일본인의 '역사의식의 희박성'은 이전부터 많이 지적되어 왔고, 그것이 아시아제국으로부터 또 다른 형태의 고립을 자초하고 있기도 하다. 교과서논쟁 이후 일본 국내에서도 많은 논의가 있었고 부분적으로 개선되었다. 그러나 일본의 보수파들은 개선된 역사교과서 내용에 대해 '자학사관(自虐史觀)'에 입각한 것이라고 비판하면서 '새로운 역사교과서를 만드는 모임', '자유주의사관연구회' 등을 결성해 식민지 시기의 '황국사관(皇國史觀)'에 입각한 역사교과서를 만들었다.

보다 중요한 것은 미래를 향한 역사교육의 문제이다. 1994년 히로시마의 평화기념자료관에는 '아시아에 침략을 했던 가해의 사실'을 처음으로 진열하였다 한다. 모토지마[本島] 시장은 "원폭투하를 알았을 때 침략당했던 아시아인들은 '신의 구원'이라고 말하였고 세계의 반수 이상이 기뻐하였다. 거기에 일본의 비극이 있었다"라고 하면서 곧 개장할 나가사키 국제문화회관에도 같은 작업을 할 것이라 하였다.[39] 그는 또 기자의 질문에 "천황은 일본이 일으킨 전쟁에 책임이 있다"는 발언을 하였다. 물론 줄곧 피해자의식을 강조하였던 일본으로서는 이것이 진보라고 할 수 있겠지만, 이 시장은 결국 우익행

동파에 의해 권총으로 저격당하였다. 필자가 작년 가을 나가사키 원폭기념관을 방문해서 보니, 전시내용에서 예전에 있었던 자기반성적인 부분은 없어지고 대신 피해자의식을 강조하는 내용으로 채워져 있었다. 그것으로 일본사회의 우경화에 따른 역사의식의 후퇴를 실감할 수 있었다.

한편 한국의 일본이해와 역사교육에도 개선되어야 할 점이 있다. 한국교과서 속의 일본을 보면 우선 세계사책보다는 국사책에서의 서술분량이 훨씬 많고, 양자 모두 전후의 일본에 대해서는 너무 소략하다. 이 점이 바로 한국인의 일본인식은 과거에 머물러 있고, 일본을 '여러 나라 중의 하나'가 아니라 '특수국가'로 인식하고 있다는 증거이다. 이제는 일본을 보다 상대화할 필요가 있고, '과거의 일본'이 아니라 '현재의 일본'에 대한 객관적인 이해가 요망된다.

역사인식의 공유야말로 동북아시아 및 한일관계의 여러 문제를 해결하는 지름길이다. 이를 위해서는 학자들에 의한 공동연구, 정부 및 민간 차원의 공동연구위원회 운영 등이 필요하다. 그래서 궁극적으로는 공동역사교과서를 편찬하는 데까지 나아가야 한다. 구체적 사실에 대한 연구가 미진하고 국가 간 이해와 역사인식이 크게 엇갈리는 현 상황에서 이것은 쉽지 않은 일이다. 그러나 불가능한 것은 아니다. 과거 지배·피지배관계에 있었던 독일과 폴란드 사이에도 교과서 개선에 대한 공동 노력이 열매를 맺은 바 있고, 동북아시아 못지않게 많은 전쟁과 갈등을 겪어온 유럽의 12개국이 4년여의 토론을 거쳐 1992년『유럽의 역사』라는 통사(通史)를 만들어 내었다는 고무적인 사실도 있었기 때문이다.

역사의식의 공유와 공통의 역사교과서 편찬이라는 과제는 한일 양국간의 문제만이 아니다. 결국은 한·중·일 삼국을 포함하는 동북아시아사를 편찬하는 것이 궁극적인 해결책이 될 것이고, 그것이 오히려 지름길이 될 수 있다고 생각한다. 양국 정부 차원에서 2002년부터 추진된 한일 역사 공동연구위원회의 작업이 별다른 합의를 도출해내지 못하는 것에 비해 최근 민간부문에서는 고무적인 사례들이 나오고 있다. 2005년 4월에는 양국의 역사교사를 중심으로 하여 한일공통역사교재『조선통신사』를 편찬 간행하였다. 또 5월에는 삼국의 역사학자와 교사, 시민단체로 구성된 '아시아평화와 역사교육연대'에서 '한중일 삼국 공동역사편찬위원회'를 구성해 4년간 수십 차례의 회의를 거친 끝에『미래를 여는 역사』라는 근현대사 중심의 공동역사교과서를 간행하였다. 이런 사례는 동아시아의 미래를 위해 각국의 국가주의 함정에 매몰되지 않으면서 '유럽 시민'과 같은 '동북아시아 시민'으로서의 연대와 공생을 가능하게 하는 밝은 신호이다.

역사적으로 한국·일본·중국 세 나라의 정치는 밀접하게 연동되어 전개되었다. 문화도 마찬가지로 활발한 교류를 통해 영향을 주고받았으며 유사한 문화권을 형성해왔다. 그래서 이전에는 '동문(同文)의 세계'라고 하였다. 동문이란 협의로는 한자라는 같은 문자를 쓴다는 뜻이고, 광의로는 유교라는 같은 문화권이라는 의미이다.

최근에는 국가와 영토를 넘어서는 지역사(地域史)와 해양사학(海洋史學)이 유행하고 있다. 그것의 최종적인 목표는 국민국가를 넘어서는 역사, 즉 동아시아사, 나아가서는 지구사(global history)를 구성해내는 것이다. 그러기 위해서는 누구나 공감할 수 있는 엄정한 객관적 기준이 인정되어야 하며, 해석 이전에 역사적 진실을 공유하려는 자세가 가장 우선적으로 요구됨은 두말할 필요가 없다.

한반도통일에 대한 협조

한반도분단에 관한 책임문제의 인식에 있어서도 한일간에는 엄청난 격차가 있다. 한국인들은 한반도분단이 궁극적으로 식민지지배의 부산물이라고 생각하는 데 비해 대부분의 일본인들은 이 문제에 대한 책임의식이 전혀 없다. 한국인들은 일본인들이 한반도의 통일을 원하지 않고 오히려 남북을 분리통제(divide and rule)하여 방해하려 한다는 피해의식도 가지고 있다.[40] 일본의 한 연구자는 '통일한국'을 일본의 가상적국으로 설정하여 논의를 전개하고 있다. 또 일본의 보수파우익세력은 '한반도는 일본을 향한 비수이면서, 대륙진출을 위한 징검다리'라는 의식을 지니고 있어, 이를 그들이 만든 역사 및 공민교과서에 그대로 반영하였다.

한반도통일에 대한 일본의 협조야말로 과거청산의 핵심이며, 한일간 선린관계 구축의 시금석이자 동북아시아 평화의 관건이다. 바람직한 인식과 방향에 대해서는 사토 세이자부로 [佐藤誠三郎] 전 도쿄대 교수의 "한반도의 통일에 대한 일본의 공헌은 일본의 이익과도 합치하는 것이다. 또 이를 통해 한일관계는 극적으로 개선될 것이다. 그것은 한일 양국민의 장기적 이익이라는 측면에서 아주 큰 의미를 갖는다"[41]라는 지적을 인용함으로써 대신하고자 한다.

민간차원의 대책

민간교류의 확대

사물과 정보인식의 여과장치로 작용하는 선입견을 버리고 인간으로의 보편성과 공유부분을 확대하는 것은 상호이해의 가장 중요한 요소이다. 그런데 선입견이라는 고정관념이 대개 역사교육, 매스컴에 의한 사회적 전승, 국가간의 대립의식이나 정책 등에 의해 형성되는 데 비해, 개인간의 직접적인 교류와 체험은 이러한 편견을 해소하는 기능을 해왔다. 필자도 일본유학 시절 일본인 가정에서 2~3일간 생활하는 홈스테이 프로그램에 참가한 경험이 있는데 그것에서 일본인을 이해하는 데 큰 도움을 받아 지금도 좋은 추억으로 남아있다. 이는 인간적인 접촉에 의해 상호인식이 개선될 수 있다는 가능성을 말해주는 것으로, 이런 점에서 민간교류는 정부차원의 관계보다 더 기본적이며 중요하다 할 수 있다.

새 시대를 위한 청소년 교류의 중요성은 아무리 강조해도 지나치지 않다. 1979년 한 일본고등학교의 한국이미지 조사결과를 보면 아주 부정적이었는데, 그 중 80%이상이 '한국인과 접촉해 본 경험이 없다'고 응답했다. 이는 사회교육에 의한 편견의 재생산의 결과이고, 한국도 이런 면에서는 마찬가지일 것이다.

한일간 청소년교류는 1971년 정부차원에서 시작된 이래 지방자치단체, 교육기관에 의해서도 추진되었다. 1985년부터 '한일대학생회의'가 양국 외무부의 후원 하에 매년 개최되고 있다. 중고생들의 수학여행도 한국은 1989년 시작되었고, 일본의 경우 이 해 138개 학교의 4만여 명이 다녀갔을 정도로 활발해지고 있다. 이와 같이 청소년의 상호방문에 따른 접촉과 체험에 의해 인간으로서의 신뢰감과 친근감을 갖게 된다는 사실에 비추어 청소년교류는 더욱 확대되어야 할 것이다.

시민연대운동

시민단체간의 연대도 중요하다. 전후 일본사회의 시민계급의 성장은 의미가 있다. 일본의 진보적 지식인과 시민운동가들이 한일관계의 건전한 발전을 위해 많은 공헌을 하였음은 익히 알려진 바이다. 과거사 청산, 재일한국인에 대한 차별 철폐, 역사교과서 문제 등에서 그들이 보여준 건전한 시민의식은 인상적이었다. 양국의 시민단체들은 종군위안부 문제에 있어서도 연대운동을 통해 사실을 밝혀내고 양국정부에 영향력을 행사한 바 있다. 비록 이러한 세력이 소수이고 대외정책을 주도한 적이 없다 하더라도 결코 과소평가할 수는 없다. 민주

정부에서 정부의 정책을 추동해 내고 여론을 선도하는 지식계층과 중산층의 역할이 큰 만큼 시민연대운동의 필요성은 실로 중요하다. 앞으로의 바람직한 한일관계는 자각된 양국 시민들 간의 교류에 의해 더욱 진전될 수 있을 것이다.

최근의 한 연구에 의하면, 한일간의 쟁점을 해결하는 주체가 정부와 정치권에서 정부지원에 힘입은 시민들로 옮겨가고 있다 한다. 이들은 실질적인 교류와 상호의견 교환을 통해 해결방안을 모색하는 방향으로 나아가고 있으며, 이러한 흐름이 양국간의 쟁점을 해결하는 실질적이고 근본적인 방안이 될 것이라고도 하였다.[42] 이처럼 국가나 정부단위만이 아니라 보다 다양한 주체들에 의한, 다양한 주제들에 대한 교류가 절실하게 요청된다. 특히 시민연대운동에 의한 교류의 확대를 구체적 방안으로 기대해 본다.[43]

문화교류

문화의 다양성과 독자성을 인정하는 바탕에서 상호간 이해 증진을 목적으로 하는 것이 문화교류이다. 한일간 문화교류의 추진기관으로는 1984년 발족된 재단법인 한일문화교류기금과 일한문화교류기금이 있다. 그러나 문화교류에 대해 일본측은 대체로 무관심한 편이었고, 한국에서는 문화적 침략에 대한 경계론이 제기되었다. 따라서 그 당위성은 인정하지만 실천에는 양국 모두 소극적이어서 실적은 기대만큼 충분하지 않은 실정이다.[44]

1998년 한일파트너십 선언 이후 한국정부는 4차례에 걸쳐 단계적으로 일본의 대중문화를 개방하였다. 100%는 아니지만 현재 상태에서 일본문화는 거의 대부분 개방되었다고 해도 좋을 것이다. 또 양국 정부는 2002년 '한일국민교류의 해' 제정, 2005년 '한일우정의 해' 선언 등 각종 이벤트적 행사를 주도하면서 교류활성화에 힘을 기울였다. 이러한 행사를 통해 양국의 문화교류는 민간교류확산을 이끌어내면서 비약적으로 발전해 가고 있다. 현재 각종 지방자치단체간의 자매결연 등을 통해 경제교류·스포츠·예술문화 등 지역 단위의 교류가 이루어지고 있으며, 시민단체 차원의 연대활동도 성공적으로 진행되고 있다. 양국간 문화교류의 활성화를 위해서는 정책적 지원도 필요하겠지만 이와 같은 국민간의 교류가 더욱 중요하며, 폭넓은 저변의 확대와 다양성을 위해서는 민간단체가 앞장서야 할 필요가 있다.

매스컴의 자세

상호인식은 그 성격상 상대적이며 인과율(因果律)이 지배하는 측면이 있다. 한쪽의 관념이 알려지면 그것이 다른 쪽의 인식 형성에 큰 영향을 준다. 이른바 거울효과이다. 한국과 일본의 경우에는 어느 한쪽의 반감이나 불신감이 다른 한쪽에게 알려지면서 그것이 확대 및 증폭되는 악순환이 거듭되어 왔다. 지금까지 양국간 상호인식을 악화시킨 데는 매스컴의 영향이 가장 컸다고 할 수 있다. 물론 그 반대의 경우도 없지는 않았으나 매스컴의 이러한 악영향은 구체적인 사례를 일일이 들 필요도 없이 지금도 지속되고 있다. 양국의 매스컴과 관계자들은 막강한 영향력을 생각해서라도 상업적 혹은 대중영합적인 자세를 지양해야 하며, 상호인식 상의 부정적인 요소를 재생산하거나 확대하는 행위를 삼가야 할 것이다.

국민의식의 문제
역사인식의 갭 축소

한일간의 현안 중 가장 중요한 문제가 역사인식의 갭이라는 사실은 많은 여론조사에서 공통적으로 나타나고 있다. 한국인은 어린이까지 근대 이후의 역사를 잘 알고 있는데 비해 일본인의 대다수는 관심도 낮고 잘 모른다. 1991년 양국의 정부에서 공동조사한 『한일 21세기위원회 최종보고서』에 의하면 일본인 가운데 한국에 대한 식민지지배 사실 자체를 모르는 사람이 21.2%나 되었다. 한편 한국인들은 '지금까지 일본의 반성이 제대로 되지 않았다'가 73%에 달하는 데 비해, 일본인들은 50%가 '반성했다'고 대답하였으며 '추가반성이 필요하다'는 의견은 7%였다. 조사분석의 결론에서는 '역사인식의 갭'이 양국관계의 가장 큰 장애요인이라고 지적하였다. 요컨대 일본인은 가해자의식이 부족하며 한국인은 피해자의식을 강하게 가지고 있는 것이니, 실로 '역사의식의 빈곤과 과잉의 대립양상'이라 할 수 있겠다.

먼저 일본인의 역사의식부터 살펴보자.

전후 '신생일본'의 출발에는 아시아인들에 대한 속죄로부터 출발하여야 했음에도 불구하고 그 과정이 생략되었다. 태평양전쟁의 패배 후 일본은 미국에게 항복의 뜻을 표하면서도 침략을 받았던 아시아 국가들에 대해서는 죄악감을 나타내지 않았다. 패전 직후 미국에 의한 타율적 개혁, 냉전체제로의 돌입이라는 상황이 일본의 주체적인 역사인식과 자기성찰을 불분명하게 했는지도 모른다. 실상을 말한다면 일본은 미국의 논리에 편리하게 순응하면서 아시아에 대한 책임의식에서 도망쳤다는 것이 보다 정확할 것이다.[45] 본래 탈아론적 아시아관과 대동아공영권론 같은 사고방식에서는 아시아에 대해 사죄한다는 발상이 나올 수 없다. 심지어 한국에 대해서는 패전의식도 없었다. 일본은 그저 미국과의 전쟁에 져 '상실했을 뿐'이었다. 그러므로 이러한 인식 속에서 1965년의 한일기본조약에 과거사에 대한 반성·책임 문제가 빠지게 된 것은 당연하기도 하다.

전후 일본의 보수파들은 꾸준히 '패전'과 침략전쟁 자체를 부인하여 왔다. 최근에는 '대동아전쟁'이 아시아를 구미열강의 식민지로부터 해방시키기 위한 것이었다고 강조한다. 또한, 비록 전쟁에서는 졌지만 결과적으로는 아시아해방이라는 목표는 달성했고, 이를 위해서 일본은 많은 희생을 치렀다는 논리까지도 내세우고 있다. 이는 전전의 '대동아공영권' 논리가 명백히 부활한 것이다. 이렇듯 불완전하고 애매한 의식 위에 일본은 제2차세계대전의 피해자로 위장하면서 '가해자의식'

을 면제받으려고 하였다. 1994년 히로시마에서 개최된 아시아대회에서 주최국인 일본은 '평화국가 일본' '피폭국 일본'을 내세우면서 희생자의 이미지를 강조하였다. 그러나 당시 아시아대회에 참가한 중국선수단의 한 사람이 피폭자위령탑에 '인과응보(因果應報)'라고 써서 일본사회를 들끓게 하는 사건이 있었다. 그러나 이러한 심정은 중국인 선수뿐 아니라 일본의 침략을 받은 아시아인들에게는 일반적이라는 사실을 일본인들은 알아야 할 것이다.

특히 전후세대들에게는 식민지지배와 같은 과거사는 자신과 상관없는 문제라는 인식이 보편화되어 있다. 이들에게서는 '전전세대'나 1960년대의 '안보투쟁세대'들이 지녔던 일말의 원죄의식마저 거의 사라졌다. 이는 전후 일본의 역사교육의 결과이기도 하다. 그 참혹했던 전쟁체험이 아무런 역사적 교훈도 주지 못한 채 '개인의 추억거리'로만 다음세대에 전승되고 있는 것은 아닌지 필자는 염려스럽다. 이 점에서 일본의 전후세대가 역사의식으로 중무장되어 있는 한국의 전후세대들과는 이야기의 아귀가 맞지 않을 가능성이 농후하다.

일본은 전전의 잘못에 대한 반성과 함께 신세대에게 역사교육을 바르게 시키고, 가해자의식의 원점에서 새출발해야만 아시아와의 진정한 화해가 가능하다. 근대이후 '탈아입구(脫亞入歐)'와 '탈구입아(脫歐入亞)'를 반복해 온 일본에 대해 아시아인들은 '겉은 노랗고 속은 흰 바나나'라고 비꼬기도 하고, 심지어는 길짐승과 날짐승 사이를 왔다갔다 하다가 결국 양쪽으로부터 버림받은 이솝우화 속의 박쥐로 비유하는 등 바라보는 눈길이 결코 곱지 않다. 어느 면에서는 상황주의에 따른 실리외교가 일본의 부흥단계에서는 도움이 되었겠지만 국제연합(UN)의 상임이사국을 노리는 국제국가로 나아가기 위해서는 그것이 오히려 장애요인이다. 원칙과 이념이 없는 외교를 누가 믿고 따라줄 수 있겠는가? 하물며 태평양전쟁을 아시아 해방전쟁 운운하는 자세로는 21세기의 한일관계, 나아가 아시아의 장래가 비관적일 수밖에 없다.

다음으로 살펴볼 것은 한국인의 과거집착과 피해의식 문제이다. 흔히 일본인들은 한국인들이 감정적이고 과거에만 집착한다고 지적한다. 그러나 한국인의 반일론은 단순한 피해의식이나 적개심이 아니라 구체적인 역사적 사실에 바탕을 두고 있는 것이다. 역사적으로 보면 고대로부터 왜구, 임진왜란, 근대이후의 침략과 지배 등 일본은 한국에 대해 가해자였다. 한국도 여원연합군의 일본침공 등의 사례가 있으나 그 회수나 영향 면에서 일본과는 비교가 되지 않는다. 현재의 한국인의 일본관은 임진왜란에서 집단적 체험으로 각인되고 20세기 전반 식민지지배로 보다 고착화된 것이다. 여기에 해방 후 일본의 반성과 사죄의식의 결여가 추가되었다. 한 일본인 교수는 침략과 지배사실 자체를 '옛 상처', 전후 반성과 사죄의 결여를 '새 상처'라고 하였다.[46] 요컨대 역사적 책임을 의도적으로 회피해온 일본의 태도에 새로운 분노와 실망을 느끼는 것으로, 현재 한국인들이 가지는 대일감정의 문제에서는 이 '새로운 상처'가 오히려 더 중요하다.

그러나 이제 한국인은 과도한 피해의식이나 과거집착에서 벗어나야 한다. 한국인들에게는 전후 일본의 변화에 대해서는 잘 알지 못하고 수용하지 않으려는 경향이 있는데, 이는 아마 과거의 피해 경험에서 나온 경계심의 발로일 것이다. 그러나 실제 전후의 일본은 변하였으며, 시민 내지 중산층세력이 두터워졌다. 많은 서양학자들은 일본이 다시 군국주의로 회귀할 가능성에 대해 아주 회의적이다. 한국인들은 전후 일본의 이러한 변화를 기본적으로 인정해야 한다. 그것이 새로운 일본인식의 첫걸음이기도 하다. 연구자들도 가해-피해, 지배-피지배의 관계를 찾아내는 '고발적 반일'보다 '자성적 지일'로 자세를 전환하고, 주관적 정당성보다 객관적 타당성을 지녀야 한다. 예를 들면 최근 뜨거운 논쟁점이 되고 있는 식민지근대화론 문제도 세계사적 관점에서 비교해 봄으로써 더 설득력을 확보할 수 있을 것이다.

선린우호의 역사 재조명

크게 보면 한일 양국의 역사에는 전쟁과 대립도 있었지만 평화적인 교류의 시기가 더 많았다. 조선시대만 하더라도 임진왜란을 제외하면 500여 년간 상대적으로 평화로웠다고 할 수 있다. 이 시기의 유럽제국들은 이웃 나라와 무수하게 전쟁을 치렀다. 이에 반해 통신사행을 통한 조선 후기의 문화교류 등은 세계역사상 예가 흔치 않는 선린우호의 사례이다. 그 배

후에는 도쿠가와막부의 정치적 목적이 없지 않았지만, 막부의 의도와 관계없이 한일 양국의 지식인과 민중 사이의 교류는 활발하게 이루어졌다. 막부로서도 막을 수 없었다고 하는 것이 더 정확한데, 그 점에서 더욱 의의가 크다. 또 그 문화교류는 일본의 근세문화 발전에 이익을 가져다주었고, 조선의 일본이해에도 큰 도움이 되었다. 임진왜란 후 260년간에 걸친 평화도 그 기반 위에서 가능하였다고 보인다. 양국간의 상호 편견을 줄이고 선린우호를 진전시키기 위해서는 이와 같은 사례를 찾아 재조명해야 할 필요가 있을 것이다.

해바라기성 복합감정의 탈피

상호인식의 역사적 전개과정의 특징으로 양국간에는 '해바라기성 주변문화의 갈등양상'이 있었음을 전술한 바 있다. 그러나 이제 한일 양국은 중국이나 서양이라는 '남의 잣대'에서 벗어나 서로 평등한 관계에서 상대방을 이해해야 하며 우월·열등과 같은 경쟁의식에서 탈피해야 한다. 한국과 일본이 과거의 문화전수 사실의 여부를 두고 논쟁을 벌이고 있는 모습은 아마도 제삼국의 사람들에게는 기이하게 보일 것이다. 양국간의 논쟁 중에는 아직 그 정도의 단계에 머물러 있는 부분이 없지 않다. 그러나 문화가 높은 곳에서 낮은 곳으로 흐르는 것은 자연적이고 필연적인 현상이니 그러한 역사적 사실을 인정하는 데 주저해야 할 이유가 없다. 또 문화의 공통부분이 존재한다는 것은 장래의 선린관계를 위해서도 긍정적인 요소이므로, 그것을 활용할 수 있는 성숙한 자세가 필요하다. 이제 전근대시기의 중국, 근대 이후의 서양을 바라보았던 '주변성'에서 벗어나 양국 모두 스스로 '중심성'을 확립해야 할 것이다.

문화상대주의적 인식

다른 나라 혹은 다른 문화를 가진 사람들간의 교류에 있어서는 문화상대주의(cultural relativism)나 문화다원주의(cultural pluralism)적 인식과 자세가 필요하다. 특히 자민족중심주의에 바탕을 둔 상호멸시와 역사적 불신감이 누적되어 온 한국과 일본에 있어서는 이러한 것들이 더욱 갖추어져야 한다.

문화상대주의란 도그마적인 문화진화론을 타파하고, 개개의 문화는 독자성과 다양성을 갖는다는 전제 위에 성립한다. 이 논의는 1930년대 본격적으로 전개되었는데 제1차세계대전 후 민족자결주의의 유력한 기초가 되었고, 제2차세계대전 후 피식민국가들의 독립과 제3세계의 출현에 큰 영향을 끼쳤다. 또 오늘날 국제교류와 문화교류의 출발점이 되고 있으며 UN이나 UNESCO의 활동도 이것에 기반을 두고 있다.

그러나 나치즘이나 파시즘 등의 가치도 인정하게 되는 윤리상대주의로 빠질 우려가 있다는 문제 역시 존재한다. 또 이것이 강자의 논리로 되면 반국제주의나 자문화중심주의로 변할 위험성이 있다. '국제화'가 구호로 된 오늘의 일본사회에 '일본문화론'이 유행하는 현상이 그 보기이다. 따라서 인식론적으로는 문화상대주의에 바탕을 두되 가치론적으로는 보편에 대한 끊임없는 지향과 추구가 필요할 것이다. 이것은 얼핏 이율배반처럼 보이지만 불가능한 것은 아니다.

맺음말

　장구한 역사 속에서 한일 양국은 때때로 부자연스러운 관계를 지속해 왔다. 현재의 상호인식은 수천 년간에 걸친 집단적 체험의 산물이요, 역사퇴적의 결과이기 때문에 간단히 바뀌거나 해결될 수 있는 문제가 아니다. 특히 19세기 말 이래 20세기 전반기까지의 '잘못된 만남'에 의한 갈등은 아직 청산되지 못한 채 미래에 대한 멍에로 남아있다.

　지역화와 세계화시대의 21세기에는 양국은 평등한 선린관계를 유지하면서 우호적인 상호이해를 회복할 수 있을 것인가 하는 과제를 남겨두고 있다. 그 당위성에 대해서는 다 공감하면서도 실제적인 방법에 있어서는 양국간의 인식차가 여전히 존재하고 있다. 한일 양국이 본래적 의미의 선린관계로 되기 위해서는 진정한 결단과 실천적 신념이 뒷받침되어야 할 것이다.

21세기 한일 양국의 바람직한 관계는 어떠한 모습일까?

세 가지 유형을 상정해 볼 수 있을 것 같다. 첫째, 대립과 갈등의 영국-아일랜드 모델이 있고, 둘째, 종속적 관계의 미국-중남미 모델, 셋째, 대등적 선린의 프랑스-독일 모델이 있다. 두말할 것도 없이 이 중 가장 이상적인 것은 프랑스-독일 모델이다. 1963년 양국의 국교정상화 단계에서는 독일의 정중한 사과가 있었고, 프랑스도 그것을 흔쾌히 수용하였다. 그 후의 양국의 교류는 대등하여 무역불균형이 거의 없었으며, 독일의 자발적이고 엄격한 과거청산 노력이 프랑스를 비롯한 주변국의 신뢰를 얻어낼 수 있었다. 1990년 독일 통일 당시에도 프랑스는 반대하지 않고 협력해 주었다. 한일 양국도 이와 같이 상호의존적으로 공존하면서 세계를 위한 선의의 경쟁을 하는 관계로 발전해 나가야 할 것이다. 이와 같은 새로운 구조의 형성을 위해서는 한일 양국민의 새로운 인식과 자세가 필요함은 물론이다.

바람직한 한일관계를 위한 양국민의 인식과 자세에 대한 생각을 정리해 봄으로써 글을 맺고자 한다.

우선 한국인은 화해의 정신과 '실패의 원인을 자신에게 구하는[反求諸己]' 자세가 필요하다고 생각한다. 그래서 한일간에 과거를 둘러싼 더 이상의 감정적 대립이 청산되기를 바라는 것이다. 그 바탕 위에서 미래지향적인 한일관계가 열릴 수 있다. 이 문제는 이제 한국을 위해서도 확실한 매듭이 지어져야 할 시점이다. 피해자로서의 역사의식이 너무 강해 현실과 미래에 대한 합리적인 선택을 그르쳐서는 안 될 것이다. 정치 협상과정에서 일본인들의 '발언'에 일희일비하는 것은 오히려 본질을 놓치는 결과를 초래하기 쉽다. 피상적 발언보다 근본적인 정책기조와 실천방안에 대해 냉정하게 점검하고 요구하는 일이 더 중요하다. 그리고 상대방이 사과하면 100% 만족스럽지 않더라도 수용해주는 것이 도량 있는 국가와 국민의 자세이다. 사과의 진실성과 실천여부는 주시해야겠지만 궁극적으로 그것은 일본인 자신의 도덕성의 문제이다.

급변하는 국제조류와 세계적 질서재편의 시기를 맞아 한국은 시야를 넓히고 능동적으로 주도해나가지 않으면 안 된다. 상황에 따른 대증요법이나 임기응변이 아니라 철학과 이념을 갖춘 거시적이고 종합적인 국가전략이 필요하다. 이에 바탕을 두며 다양하고 유연한 대일전략을 갖출 필요가 있다.

사고를 한번 전환해 보자. 강한 이웃을 옆에 두고 있는 것은 시련이기도 하지만 그것에 어떻게 대처하고 그것을 어떻게 활용하느냐에 따라 강한 이웃은 우리에게 기회가 될 수도 있다. 일본에 대해 한국인이 가지는 역사적인 우월감과 자신감에서 나오는 경쟁의식은 곧 국가발전의 추진력이 되었다. 또 근대 이후 동서문화의 융합에 나름대로 성공한 일본은 한국에게 시행착오를 줄이고 참고할 수 있는 좋은 모델(반면교사를 포함하여)이 되었다. 사실상 1961년 이후 박정희정권의 경제개발의 모델도 일본이었다. 그것이 가장 안전하고 손쉬웠기 때문에 비판하면서도 닮아갔고, 강한 이웃에 시달리면서 정신 없이 앞만 보고 달리다 어느 순간 뒤를 돌아다보니 어느새 한국은 다른 나라들을 추월하고 있었던 것이다. 따라서 현재 한국의 경제성장을 일본에 의한 경제 예속화의 심화로만 보는 것은 일면적인 인식이다. 종속이론은 1970년대에 극성하였지만 그것만으로는 현상 설명이 안 되며 그 한계성이 이미 드러나 비판받고 있다. 장래 양국간에 경쟁관계 등 여러 가지 어려움이 예상되기도 하지만 장점과 단점, 위기와 기회는 동전의 양면이라는 것을 기억해야 한다.

무엇보다 중요한 것은 한국이 정치·경제적으로 부강해지고 윤리적으로 성숙해지는 것이다. 보다 구체적으로 말하자면 이미 진행되고 있는 동북아시아에서의 중국과 일본 간의 패권경쟁에서 선택권(casting vote)을 행사할 수 있는 힘을 갖추어야 한다. 실제로 전후 일본인의 한국관이 호전된 계기는 한국의 경제성장과 민주화의 진전 때문이었다. 그 정도의 힘은 갖추어야 대등한 협력관계가 가능해진다. 동시에 그것은 선린관계의 기본조건이기도 하다. 이를 위해서도 일본과의 교류와 협력을 확대해 나가는 것이 필요하다.

일본인에게는 '결자해지(結者解之)'의 자세와 '진정한 국제화'를 요구하고 싶다.

일본이 한국을 비롯한 아시아와 선린관계를 구축하기 위해서는 과거사에 대한 청산과 확고한 입장표명이 있어야 한다. 이것은 21세기 일본의 새로운 출발을 위해서도, 일본의 경제적인 규모에 걸맞는 국제사회에서의 리더십을 위해서도 필요하다. 무엇보다 그러한 입장표명은 일본국민들의 인간으로서의 해방을 위해서도 절실한 일이며, 아시아인들끼리의 성숙한 만남을 위해서도 반드시 필요한 일이다. 사죄할수록 밀리고, 잘못을 인정하면 호국영령을 모독하게 된다는 발상은 너무나 소아적이고 유치한 인식이다. 엄연히 존재하였던 사실을 인정하지 않음에서 오는 멍에를 언제까지 지고 갈 것인가? 그것보다는 명확한 인정과 반성 위에 상대방의 이해를 얻어내는 것이 훨씬 떳떳하고 성숙한 태도이다. 2005년 3월 31일 다카하시 데츠야[高橋哲也] 도쿄대 교수가 '한일 지식인과 시민의 대화'라는 주제로 서울대학교에서 한 강연에서 "일본의 국가와 사회가 역사인식을 확립하고 과거의 잘못에 대해 한국인의 용서를 구하고, 일본이 언젠가 용서받아 한국과 일본이 공동으로 세계에 대해 식민주의의 극복과 민주적 제가치의 실현이라는 메시지를 전하는 것, 이것이 바로 지금 제가 꿈꾸는 것입니다"라고 하였다. 이것이 바로 한일간에 가로놓여있는 과거사라는 멍에를 걷어내고 미래를 향한 선린으로 공생하기 위해 일본인에게 요구되는 자세인 것이다. 더 이상 첨가할 것이 없는 그 논리의 명쾌함에 필자는 깊은 감명을 받았다.

1945년의 해방은 식민지의 국민뿐 아니라 일본민중들에게도 전쟁과 군국주의라는 폭력적 지배로부터 풀려나는 것이었다. 지금도 일본의 야스쿠니신사에는 전범(戰犯)까지 포함하여 전쟁에 참여한 영령들이 모셔져 있지만 전쟁에 반대하다 순국한 인물은 제외되어 있다고 한다. 이런 관점에서는 1945년 패전은 일본국민들에게 결코 '해방'이 될 수 없고, 언제까지나 '패배'일 뿐이다.

다음으로 아시아인들과 진정한 우호를 나누려면 일본은 국제화의 정신을 갖추어야 할 것이다. 일본에서는 1980년대 중반부터 국제화가 제창되고 있음에도 불구하고 아직 충분히 내면화되지는 못한 것 같다. 오히려 최근 민족주의가 강조되는 역행현상이 나타나고 있다. 진정한 국제화를 위해서는 무엇보다 그 독특한 신국사상과 배타적 선민의식의 틀을 깨뜨리고, 보편적 인류애를 바탕으로 한 세계관과 이념을 가지고 국제사회에 임해야 한다. 도덕적으로 성숙하지 않으면 결코 국제인, 국제국가가 될 수 없기 때문이다. 신도(神道)라는 민족종교에서 벗어나 보편사상으로 환골탈태할 수는 없을까? 일본의 지식인과 사상계에 간절히 바라고 싶은 사항이다.

조금 과격한 표현이 되어버린 느낌이지만 한일간 선린우호의 궁극적인 방향이 인간으로서의 보편성을 확인하고 상호이해의 폭을 넓혀 나가야 하는 것임은 두말할 필요가 없다. 이 점과 관련해 노벨문학상 수상자인 오에 겐자부뢰[大江健三郎]가 주장한 '주체와 공생'이라는 이야기는 많은 시사를 준다. 그는 일본인의 주체의식과 책임의식의 부족함에 대해 '애매한 일본인'이라고 비판하면서 우선 개인의 주체성을 회복하고 그 자아실현의 확대과정으로서 다른 사람들과 공생하여야 한다고 지적하며, 나아가 개인의 주체성을 회복해야만 공생도 할 수 있다고 하였다. 실로 엄중하면서도 개방된 사고방식이었다. 필자 개인적으로는 세상이 열리는 듯한 느낌을 받았다.

오에 겐자부로의 그러한 의식이야말로 개체와 전체, 특수성과 보편성의 동태적 조화이며, 민족·문화의 다원성과 상대성을 인정하면서도 보편성에의 추구와 수렴을 놓치지 않는 자세라고 할 수 있을 것이다. 그것은 2,500년 전 공자가 군자의 자세라고 말한 '화이부동(和而不同)'의 정신과도 상통하는 것 같다. 군자란 천명을 알고 따르는 자인데 요즘말로 하면 '세계인'으로 이해할 수도 있을 듯하다. 한일 신시대의 평화공존을 가능케 하는 길도 여기에 있다. 양국 모두 진정한 국제화를 실천하는 바탕 위에서 '성숙한 세계인'으로 만나는 것이다.

21세기의 한일관계는 서로 다름을 인정하면서도 조화를 이루는[和而不同] 군자들간의 교류가 될 것인가, 아니면 같으면서도 화합하지 못하는[同而不和] 소인들의 사귐이 될 것인가? 일본의 결자해지(結者解之), 한국의 반구제기(反求諸己), 그리고 양국민 모두 성숙한 세계인으로 만나는 화이부동적 공존. 이것이 내가 상상해보는 미래의 한일관계의 모습이다.

주

1) 한일관계사 및 상호인식상의 분기점이 되는 근대를 기점으로 나누어 살펴보고자 한다. 보다 구체적으로는 한국사의 일반적인 시대구분을 따라 고대(선사시대~10세기 중반), 중세(고려), 근세(조선), 근대(1876~1945), 현대(1945년 이후)의 5단계로 구분하였다. 한국사와 일본사의 시대구분에 약간 차이가 있지만 대체로 한일관계의 전환기와 일치하기 때문이다.

2) 이노우에 히데오[井上秀雄], 『고대 일본인의 외국관(古代日本人の外國觀)』, 學生社, 1991, p.84.

3) 이노우에 히데오, 앞의 책, p.238.

4) 주로 서부(西國)지역의 호족과 상인들이 무역상의 실리와 대장경을 얻기 위해 외교문서에 고려상국관(高麗上國觀)을 표현하면서 스스로 '동번(東蕃)'을 자처하였다.

5) 다나카 다케오[田中健夫], 「중세 일본인의 고려·조선관(中世日本人の高麗·朝鮮觀)」, 『대외관계와 문화교류(對外關係と文化交流)』, 思文閣, 1982, pp.334-336.

6) 여기서는 1392년 조선왕조의 개창부터 1876년 개항 이전까지의 시기를 가리킨다. 일본으로서는 남북조통일(南北朝統一) 후의 아시카가막부와 도쿠가와막부[德川幕府]시대에 해당한다. 일본사에서는 도쿠가와막부부터 근세로 보지만 편의상 한국사의 시대구분을 따르기로 한다.

7) 하우봉, 「17세기 지식인의 일본관」, 『동아연구』 17집, 1989.

8) 하우봉, 『조선후기 실학자의 일본관 연구』, 일지사, 1989.

9) 하우봉, 「조선전기의 한일관계」, 『강좌 한일관계사』, 현음사, 1993.

10) 이에 대해서는 미키 세이이치로[三鬼淸一郎]의 「에도시대 조선역의 평가에 대하여(江戸時代における朝鮮役の評價について)」(『歴史評論』 373호, 1981) 및 최관(崔官)의 『분로쿠·게이쵸노에키(문록·文祿·慶長の役)』(講談社, 1994) 참조.

11) 이에 대해서는 야자와 고스케[矢澤康祐]의 「에도시대 일본인의 조선관 江戸時代における日本人の朝鮮觀」(『朝鮮史研究會論文集』 6집, 1969) 및 미야케 히데토시[三宅英利]의 『역

사적으로 본 일본인의 한국관』(하우봉 옮김, 풀빛, 1994) 5장 참조.

12) 손승철, 『조선시대 한일관계사연구』, 1994, 지성의 샘, 제4장.

13) 여기서는 1876년 조일수호조약의 체결부터 1945년 일제강점 기까지를 가리킨다.

14) 하우봉, 「수운 최제우의 대외인식」, 『한일관계사연구』 17집, 2002.

15) 박영재, 「일본근대사의 성격」, 『오늘의 일본을 해부한다』, 한길 사, 1987, p.25.

16) 박영재, 「근대일본의 한국인식」, 『일본의 침략정책사 연구』, 일조각, 1984, p.101.

17) 야마다 쇼지[山田昭次], 「자유민권기의 흥아론과 탈아론 – 아시아주의의 형성을 둘러싸고(自由民權期における興亞論 と脱亞論 – アジア主義の形成をめぐって」, 『朝鮮史研究會 論文集』 6집, 1969.

18) 하츠세 료헤이[初瀬龍平], 「탈아론 재고(脱亞論 再考)」, 『근 대일본과 아시아 – 문화의 교류와 마찰(近代日本とアジア – 文化の交流と摩擦)』, 東京大學出版會, 1984, p.39.

19) 하타다 다카시[旗田巍], 「대동합방론과 다루이 토키치(大東 合邦論と樽井藤吉)」 및 「다루이 토키치의 한국관(樽井藤吉 の韓國觀)」(앞의 책) 참조.

20) 박영재, 「일본근대사의 성격」, p.26.

21) 「경애하는 조선(敬愛なる朝鮮)」, 『헤이민신문(平民新聞)』, 1904년 6월 9일자.

22) 미야케 히데토시[三宅英利]의 앞의 책 6장 및 김양기(金兩基) 의 「한일간 역사인식의 마찰과 갭(韓日間の歴史認識の摩擦 とギャップ)」(『아시아에서 본 일본(アジアから見た日本)』, 河出書房新社, 1994) 참조.

23) 정영일, 「한국인의 일본관」, 『신동아』 1972년 8월호.

24) 박순애(朴順愛), 「한국매스컴의 일본보도(韓國マスコミの日 本報道)」, 『일한신시대(日韓新時代)』, 同文館出版, 1994.

25) 이 부분은 데라사와 마사키요[寺澤正淸], 「전후 일본인의 한 국관(戰後日本人の韓國觀)」(『일한신시대(日韓新時代)』, 同 文館, 1994)을 많이 참고하였다. 단 시기구분은 본서의 체재

에 맞추었다.

26) 하타다 다카시[旗田巍], 『일본인의 조선관』, p.11.

27) 한상일의 「진보적 일본지식인의 한국관」(『일본평론』 1990년 가을호) 및 「전후 일본보수지배계급의 한국관」(『일본평론』 1991 가을호) 참조.

28) 이정식, 『한국과 일본』, 교보문고, 1986, p.230.

29) 하야시 다케히코[林建彦]는 영국과 독일, 독일과 프랑스의 역사적 관계와 상호인식을 예로 들면서 "확실히 가까운 나라일수록 비뚤어지게 보이는 현상은 동일하다"고 하였다. (『가까운 나라일수록 일그러져 보인다(近い國ほどゆがんで見える)』, 사이마루출판사, 1982, p.22.

30) 이에 관해서는 미야케 히데토시[三宅英利]의 앞의 책 및 김광철(金光哲), 『중·근세에 있어서 조선관의 창출(中近世における朝鮮觀の創出)』(校倉書房, 1999) 참조.

31) 조선중화주의 개념과 성격에 관해서는 정옥자의 『조선후기 조선중화사상연구』(일지사, 1998) 및 하우봉의 「조선후기 실학파의 대외인식」(『한국실학의 새로운 모색』, 경인문화사, 2001) 참조.

32) 일본형화이의식의 개념과 성격에 관해서는 아라노 야스노리(荒野泰典)의 『근세 일본과 동아시아(近世日本と東アジア)』(東京大學出版會, 1988) 참조.

33) 장달중, 「한일관계의 전개와 연구 패러다임의 변천」, 『일본·일본학』, 오름, 1994, p.376.

34) 이노우에 히데오[井上秀雄], 앞의 책, 서문.

35) 13세기 말 여원연합군의 일본침공 때 두 차례 모두 태풍이 불어 몽고의 함대를 무찌를 수 있었다. 일본에서는 이 태풍을 일본의 신이 보내준 바람[神風]이라고 불렀다. 이후 이것은 신국의식 고양의 한 상징이 되었으며, 제2차세계대전 말기 미국의 군함에 비행기와 함께 투하한 자살특공대의 이름도 가미카제[神風]특공대였다.

36) 한상일, 「일본의 국가진로―21세기를 위한 국가전략」, 『일본평론』 5집, 1992.

37) 태평양전쟁을 일으킨 전범(戰犯) 1호 도조 히데키[東條英機] 수상을 모신 신사가 일본 전국에 1,000여 개나 있다고 한다.

교수형을 당한 7인에 대해서도 '순국칠사(殉國七士)의 비(碑)'를 세워주었는데, 그 비문을 요시다 시게루 수상이 작성하였다.

38) 강재언(姜在彦)·김동훈(金東勳), 하우봉·홍성덕 옮김, 『재일 한국·조선인 - 역사와 전망』(한림일본학총서, 1999) 제1장.

39) 『아사히신문』 1995년 1월 1일자.

40) 다케무라 겐이치[竹村健一], 『일본의 비극(日本の悲劇)』(1991) 참조.

41) 사토 세이자부로, 「한반도의 통일과 일본의 역할」, 『일본평론』 1991년 가을호.

42) 이진원, 「전후 한일관계의 쟁점 및 양상」, 『일본역사연구』 18집, 2003, pp.111-113.

43) 이에 대해서는 하영선, 「탈근대 지구질서와 한일관계의 미래」와 기노미야 마사시[木宮正史], 「한일시민사회의 관계구축을 위한 조건」(『한국과 일본』, 나남출판, 1997) 참조.

44) 이한기, 「한일관계의 개선과 문화교류」, 『현대사회』 19집, 1985.

45) 스즈키 시즈오[鈴木靜夫], 「일본의 전쟁책임과 '태평양전쟁사관'(日本の戰爭責任と'太平洋戰爭史觀'」, 『아시아에서 본 일본(アジアから見た日本)』, 河出書房新社, 1994, pp.245-251.

46) 다카자키 소지[高崎宗司], 『반일감정 - 한국·조선인과 일본인(反日感情 - 韓國·朝鮮人と日本人)』, 講談社, 1993.

참고문헌

이정식, 『한국과 일본』, 교보문고, 1986.

박영재 외, 『오늘의 일본을 해부한다』, 한길사, 1987.

하우봉, 『조선후기 실학자의 일본관 연구』, 일지사, 1989.

윤건차, 『현대일본의 역사의식』, 한길사, 1992.

신용하 편, 『신일본 패권주의와 한일관계』, 김영사, 1993.

하영선 편, 『새로운 만남을 위한 역사인식 - 한국과 일본』, 나남
　출판, 1997.

旗田巍, 이기동 옮김, 『일본인의 한국관』, 일조각, 1987.

三宅英利, 하우봉 옮김, 『역사적으로 본 일본인의 한국관』, 풀빛,
　1990.

姜在彦·金東勳, 하우봉·홍성덕 옮김, 『재일한국·조선인 - 역사
　와 전망』, 소화, 1999.

林建彦, 『近い國ほどゆがんで見える』, 1982, サイマル出版社.

田中健夫, 『對外關係と文化交流』, 思文閣, 1982.

井上秀雄 外, 『古代の韓國と日本』, 學生社, 1988.

靑木保, 『文化の否定性』, 中央公論社, 1988.

荒野泰典 外 編, 『アジアのなかの日本史 5 - 自意識と相互理
　解』, 東京大學出版會, 1993.

中塚明, 『近代日本の朝鮮認識』, 研文出版, 1993.

高崎宗司, 『反日感情 - 韓國·朝鮮人と日本人)』, 講談社, 1993.

金兩基 外, 『アジアから見た日本』, 河合書房新社, 1994.

山本武利 編, 『日韓新時代 - 韓國人の日本觀』, 同文館, 1994.

金光哲, 『中近世における朝鮮觀の創出』, 校倉書房, 1999.

河宇鳳, 『朝鮮實學者の見た近世日本』, ペリカン社, 2001.

한국과 일본 상호인식의 역사와 미래

펴낸날	초판 1쇄 2005년 7월 15일
	초판 4쇄 2014년 1월 20일

지은이	하우봉
펴낸이	심만수
펴낸곳	(주)살림출판사
출판등록	1989년 11월 1일 제9-210호

주소	경기도 파주시 문발동 522-1
전화	031-955-1350 팩스 031-624-1356
기획 · 편집	031-955-4662
홈페이지	http://www.sallimbooks.com
이메일	book@sallimbooks.com

ISBN	978-89-522-0403-5 04080

089 커피 이야기

eBook

김성윤(조선일보 기자)

커피는 일상을 영위하는 데 꼭 필요한 현대인의 생필품이 되어 버렸다. 중독성 있는 향, 마실수록 감미로운 쓴맛, 각성효과, 마음의 평화까지 제공하는 커피. 이 책에서 저자는 커피의 발견에 얽힌 이야기를 통해 그 기원을 설명한다. 커피의 문화사뿐만 아니라 커피에 대한 일반적인 정보 및 오해에 대해서도 쉽고 재미있게 소개한다.

021 색채의 상징, 색채의 심리

박영수(테마역사문화연구원 원장)

색채의 상징을 과학적으로 설명한 책. 색채의 이면에 숨어 있는 과학적 원리를 깨우쳐 주고 색채가 인간의 심리에 어떤 작용을 하는지를 여러 가지 분야의 사례를 통해 설명한다. 저자는 색에는 나름대로의 독특한 상징이 숨어 있으며, 성격에 따라 선호하는 색채도 다르다고 말한다.

001 미국의 좌파와 우파

eBook

이주영(건국대 사학과 명예교수)

진보와 보수 세력의 변천사를 통해 미국의 정치와 사회 그리고 문화가 어떻게 형성되고 변해왔는지를 추적한 책. 건국 초기의 자유방임주의가 경제위기의 상황에서 진보-좌파 세력의 득세로 이어진 과정, 민주당과 공화당의 대립과 갈등, '제2의 미국혁명'으로 일컬어지는 극우파의 성장 배경 등이 자연스럽게 서술된다.

002 미국의 정체성 10가지 코드로 미국을 말하다

eBook

김형인(한국외대 연구교수)

개인주의, 자유의 예찬, 평등주의, 법치주의, 다문화주의, 청교도 정신, 개척 정신, 실용주의, 과학·기술에 대한 신뢰, 미래지향성과 직설적 표현 등 10가지 코드를 통해 미국인의 정체성과 신념을 추적한 책. 미국인의 가치관과 정신이 어떠한 과정을 통해서 형성되고 변천되어 왔는지를 보여 준다.

058 중국의 문화코드

강진석(한국외대 연구교수)

중국의 핵심적인 문화코드를 통해 중국인의 과거와 현재, 문명의
형성 배경과 다양한 문화 양상을 조명한 책. 이 책은 중국인의 대
표적인 기질이 어떠한 역사적 맥락에서 형성되었는지 주목한다.
또한, 구체적이고 실제적인 여러 사물과 사례를 중심으로 중국인
의 사유방식에 대해 설명해 주고 있다.

057 중국의 정체성　　eBook

강준영(한국외대 중국어과 교수)

중국, 중국인을 우리는 과연 어떻게 이해해야 하나? 우리 겨레의
역사와 직·간접적으로 끊임없이 영향을 주고받은 중국, 그러면
서도 아직까지 그들의 속내를 자신 있게 말할 수 없는, 한편으로
는 신비스럽고, 한편으로는 종잡을 수 없는 중국인에 대한 정체성
을 명쾌하게 정리한 책.

015 오리엔탈리즘의 역사　　eBook

정진농(부산대 영문과 교수)

동양인에 대한 서양인의 오만한 사고와 의식에 준엄한 항의를 했
던 에드워드 사이드의 오리엔탈리즘. 이 책은 에드워드 사이드의
이론 해설에 머무르지 않고 진정한 오리엔탈리즘의 출발점과 그
과정, 그리고 현재와 미래의 조망까지 아우른다. 또한 오리엔탈리
즘이 사이드가 발굴해 낸 새로운 개념이 결코 아님을 역설한다.

186 일본의 정체성　　eBook

김필동(세명대 일어일문학과 교수)

일본인의 의식세계와 오늘의 일본을 만든 정신과 문화 등을 소개
한 책. 일본인을 지배하는 이데올로기는 무엇이고 어떤 특징을 가
지는지, 일본을 주목해야 하는 이유는 무엇인지 등이 서술된다. 일
본인 행동양식의 특징과 토착적인 사상, 일본사회의 문화적 전통
의 실체에 대한 분석을 통해 일본의 정체성을 체계적으로 살펴보
고 있다.

261 노블레스 오블리주 세상을 비추는 기부의 역사

예종석(한양대 경영학과 교수)

프랑스어로 '높은 사회적 신분에 상응하는 도덕적 의무'를 뜻하는 노블레스 오블리주. 고대 그리스부터 현대까지 이어지고 있는 노블레스 오블리주의 역사 및 미국과 우리나라의 기부 문화를 살펴보고, 새로운 시대정신으로 노블레스 오블리주를 부활시킬 수 있는 가능성을 모색해 본다.

396 치명적인 금융위기, 왜 유독 대한민국인가 `eBook`

오형규(한국경제신문 논설위원)

이 책은 전 세계적인 금융 리스크의 증가 현상을 살펴보는 동시에 유달리 위기에 취약한 대한민국 경제의 문제를 진단한다. 금융안정망 구축 방안과 같은 실용적인 경제정책에서부터 개개인이 기억해야 할 대비법까지 제시해 주는 이 책을 통해 현대사회의 뉴노멀이 되어 버린 금융위기에서 살아남는 방법을 확인해 보자.

400 불안사회 대한민국, 복지가 해답인가 `eBook`

신광영(중앙대 사회학과 교수)

대한민국 사회의 미래를 위해서 복지는 선택이 아니라 필수라고 말하는 책. 이를 위해 경제 위기, 사회해체, 저출산 고령화, 공동체 붕괴 등 불안사회 대한민국이 안고 있는 수많은 리스크를 진단한다. 저자는 사회적 위험에 대응하기 위한 복지 제도야말로 국민 모두의 삶의 질을 높일 수 있는 길이라는 것을 역설한다.

380 기후변화 이야기 `eBook`

이유진(녹색연합 기후에너지 정책위원)

이 책은 기후변화라는 위기의 시대를 살면서 우리가 알아야 할 기본지식을 소개한다. 저자는 기후변화와 관련된 핵심 쟁점들을 모두 정리하는 동시에 우리가 행동해야 할 실천적인 대안을 제시한다. 이를 통해 독자들은 기후변화 시대를 사는 우리가 무엇을 해야 할 것인지에 대하여 생각해 볼 수 있을 것이다.

eBook 표시가 되어있는 도서는 전자책으로 구매가 가능합니다.

㈜살림출판사
www.sallimbooks.com
주소 경기도 파주시 문발동 522-1 | 전화 031-955-1350 | 팩스 031-955-1355